"CACTUS"
série dirigée par Martina Wachendorff

DANS LA MÊME SÉRIE

1989
Henri-Frédéric Blanc, *L'Empire du sommeil.*
Per Christian Jersild, *Mon âme dans un bocal.*
Martin Millar, *Le Lait, les amphètes et Alby la Famine.*
Rolf Schneider, *Le Voyage à Iaroslaw.*

1990
Roy Lewis, *Pourquoi j'ai mangé mon père.*
Dagmar Chidolue, *Lady Punk.*
Tim Parks, *Comment peut-on aimer Roger !*
Henri-Frédéric Blanc, *Combat de fauves au crépuscule.*

1991
Sergueï Bodrov, *Liberté = Paradis.*
Henri-Frédéric Blanc, *Jeu de massacre.*

1992
Stefano Benni, *Le Bar sous la mer.*
György Dalos, *La Circoncision.*
Glenn Savan, *White Palace.*

1993
Nicole Müller, *Ce qui est affreux dans l'amour.*
Henri-Frédéric Blanc, *Démonomanie.*

L'ENFANT PIED-NOIR

## DU MÊME AUTEUR

*THÉÂTRE* (deux volumes). Le Cherche-Midi éditeur. Sept pièces publiées dans *l'Avant-Scène.*
*LE SINGE DU PROPHÈTE*, roman. Calmann-Lévy.
*COMMANDANT ZÉRO, La guérilla en Amérique centrale* (en collaboration avec Geneviève Berreby). Robert Laffont.


ISBN 2-7427-0171-0

Illustration de couverture :
*Le Triangle parfait d'Alger vu de la mer* (détail), 1818
Lithographie en frontispice de l'ouvrage de Pananti

ÉLIE-GEORGES BERREBY

# L'ENFANT PIED-NOIR

ROMAN

ACTES SUD
HUBERT NYSSEN ÉDITEUR

# Première partie

# LA MER

# I

Nager dans l'ivresse de vivre. Sous un ciel étincelant. Dans une mer fêtée comme une reine. A ces moments, de quoi je manque ?

Quand la ville est écrasée de chaleur, le port : derrière le môle. Là où les vagues se cassent contre le béton, là où les bateaux ne peuvent pas s'abriter, là où nous nous sentons chez nous, Scotto, Salviat et moi.

Le plus grand, c'est Salviat. Il a poussé du jour au lendemain. Jusqu'où il va comme ça ? C'est le lait des vaches de sa mère. Chez lui, au Frais-Vallon, il en boit tant qu'il veut. Avant même que ses frères ajoutent l'eau pour la clientèle. A force, à force, il est devenu un géant. Il dit que le soleil faut pas en abuser. Et il est toujours le premier à se glisser dans les vagues.

Scotto, la plage ou le port, pour lui, c'est du kif. Il sort ses crayons de couleur, son carnet à dessin et il me dit : "Fais-moi confiance, si tu regardes avec tes yeux, partout c'est beau."

Avant de plonger dans l'écume, je cours sur la jetée déserte, de bloc en bloc, porté par le simoun. Très vite, la fournaise devient caresse. Et quand la plante des pieds me brûle, obligé je m'assieds sur un rocher arrosé par la mer. Alors je laisse mon regard se noyer dans la beauté muette de la baie.

Laisse qu'aujourd'hui nos cris explosent : "Je te parie vingt sous que j'arrive avant toi. On court jusqu'au phare ?" Et Salviat qui, avec ses onze ans et le lait de sa mère, arrive toujours le premier, nous rappelle : “Vous avez vu hier ? Ces enfoirés de la rue de Cadix, on leur a mis cinq buts.”

Je le respecte, Salviat. D’abord parce qu’il me domine d’une tête. Ensuite tranquille comme tout, mais personne il lui met. Celui qui le cherche, il le trouve. Ça fait deux fois qu’il redouble notre classe. Mais les buts, c’est lui qui les marque. Même s’il ne passe pas avec nous au cours moyen, il restera le capitaine de notre équipe.

Toutes les rues d’Alger descendent vers la mer. C’est quand le sirocco nous arrive direct du désert que Salviat propose : “Oh les jeunes, on va se taper un bain au port ?”

Scotto, il rentre dans l’eau le dernier. Le temps il connaît pas. Et chaque fois, il faut poireauter en regardant ses dessins. Comment il fait pour changer la ville avec des couleurs plus belles que les vraies ?

*

Scotto, il n’en sortira jamais de l’absence de sa mère. Elle le suivra jusqu’à la fin des étoiles. Il rabâche : “Putain ! Toi, au moins, tu as une mère. Regarde : même Jésus, il avait une mère. C’est ça qui l’a soutenu. Allez Joé, raconte.”

Il se blottit dans mes feuilletons à suivre comme dans une revanche. Pour lui, j’ai inventé le Justicier. Toujours là où il faut, l’homme-canon fait des miracles. Il vole aux voleurs pour donner à ceux qui n’ont rien.

Maman, elle l’intimide. Quand nous arrivons ensemble, elle l’embrasse comme elle m’embrasse. C’est trop peu pour un assoiffé de mère. Et puis, elle est trop grande, trop belle, trop pâle, trop bien mise. Devant le monde, Maman, elle garde ses désespoirs secrets. Comment nourrir ses enfants ? Comment payer le loyer de ce rez-de-chaussée puant d’humidité ? Quand y en a pas, y en a pas. Dans ces moments, elle peut demeurer prostrée sur une chaise pendant des heures.

Ses forces lui reviennent subitement après le déjeuner. Bien attifée, bien maquillée, elle disparaît jusqu'à la nuit. Mon petit frère et moi, seuls sur la placette, nous guettons son retour. Cette année, le mois de décembre il a pris un coup de froid de France. Et sur notre banc, nous grelottons dans le noir.

Un soir, elle nous a oubliés. Dany s'est endormi dans mes bras en suçant son pouce. Un chat noir du quartier est venu s'installer sur mes genoux. Avec Dany contre moi et le chat qui ronronne, j'arrive à ne pas avoir trop froid. A chaque bruit de pas, je crois que c'est elle. Mais les passants deviennent de plus en plus rares et je sombre, moi aussi, dans le sommeil.

C'était la pleine nuit quand Maman nous a réveillés. Elle nous a embrassés très fort et nous a mis au lit avec un thé au lait. Comme d'habitude, Françoise, notre sœur, était restée chez Grand-mère.

Maman, elle a souvent des crises de larmes : "Ton père, j'aurais jamais cru. Alors on est fou d'amour et total, un jour c'est fini ?"

A ces moments-là, elle a un air égaré :

— Ne me regarde pas comme ça. Baisse les yeux. C'est pas vrai ! Mais tu ne te rends pas compte. Ta tête, c'est la tête de ton père. Tes yeux, les yeux de ton père. Ton sourire, le sourire de ton père.

Des fois, je me demande ce qui est encore à moi. Elle me gifle va savoir pourquoi. Et elle en rajoute :

— Ce fumier, il nous laisse crever comme des chiens galeux. Notre vie ça ne l'intéresse plus. Il m'a aimée tant que ça l'arrangeait. Ton père, à force de tuer, il est devenu pire qu'une bête. Mais le bon Dieu le punira.

Il lui arrive de hurler en se griffant le visage :

— Si j'avais pas peur qu'ils m'enferment trop longtemps, ton ordure de père, j'irais lui faire sa fête. Mais que deviendrait Dany ? Ton père, il ne perd rien pour attendre. J'ai déjà le revolver. Un cadeau à lui. Il m'a appris à m'en servir. Un jour, sa tête j'en ferai de la bouillie.

Une fois qu'elle a fini sa crise, elle va à la cuisine faire le dîner. Et moi, je reste anéanti. Le goût de vivre elle m'enlève.

J'aurais préféré un père qui ne casse rien plutôt qu'un héros qui nous a oubliés. Autour de moi, personne qui me parle comme un père parle à son fils. C'est difficile d'avancer quand on ne connaît pas le chemin.

Des fois, je me prends à espérer que Maman, elle va nous trouver un père de rechange. Au moins pour quelques années. Françoise, Dany et moi, nous en avons un besoin urgent. Un père qui se soucierait de nous et nous donnerait des baffes si on le mérite. Un père qui saurait calmer Maman.

Scotto, tous les jours, il m'encourage : "Joé, ma parole si je mens, ton père, je suis sûr et certain qu'un jour il va revenir. Un homme comme lui, il peut pas laisser ses enfants pour toujours." Va savoir où il va chercher ces idées.

La vérité, je commence à douter. J'ai trop attendu. Chez Scotto comme chez moi, quelque chose s'est déglingué. La preuve : quand on parle trop de sa mère ou de mon père, le lendemain, il se fait une angine et moi je m'attrape des coliques.

## II

Je ne sais plus à quel âge j'ai commencé à ramener de quoi à la maison. Cinq ou six ans, peut-être. Zamit l'aveugle sortait des sons d'un minable accordéon et moi, je chantais des chansons de Brassens. Qui c'est qui ne donne pas une pièce à un pauvre aveugle doté d'un petit garçon chanteur ?

En quelques heures, Zamit gagnait sa journée et il me refilait une poignée de monnaie. Le gros de la recette, il se le gardait. Normal. C'est lui qui jouait les aveugles et de l'accordéon. Il m'avait dit une fois pour toutes : "Le flouss, ces enfoirés ils le donnent à un aveugle, pas à un petit con qui se prend pour un chanteur."

Qui c'est qui pouvait discuter avec Zamit ? Je ne me prenais pas pour un chanteur, mais ramener de quoi en chantant, c'était le bonheur. A de vrai, ma voix, elle se trompait souvent de hauteur. Normal. Ses accords, Zamit il les avait appris avec un manchot. Chaque fois que je passais sans avertir d'un étage à un autre, les gens se poilaient. Et des pièces, ils en rajoutaient. Ça, Zamit il pouvait le voir. Mais jamais il l'aurait reconnu.

La vérité, Zamit il avait des frais généraux. Il arrivait discrètement en taxi. Et le même chauffeur revenait le chercher avant la nuit.

Zamit m'affirmait qu'il habitait un cabanon juste au-dessus de la mer. Et que de sa fenêtre, il pêchait son déjeuner. Ça me faisait rêver. Vivre dans un cabanon sur les rochers de la pointe

Pescade, je me suis juré d'y arriver un jour. Tous les matins, se taper un bain avant le travail. Le bonheur.

Notre association n'a pas duré. Un jour, Zamit, il n'est pas venu. Ni le lendemain. J'ai essayé de savoir dans quel coin il se défendait. Je suis allé au bistrot où il achetait ses cigares. Le patron, un vieux Maltais au regard vicieux, m'a raconté qu'à force de faire l'aveugle, Zamit n'avait pas vu venir une grosse moto qui l'avait envoyé direct au ciel. Le Maltais me donnait des détails :

— Sa main droite, on l'a retrouvée sur le kiosque à musique. Sa jambe gauche, sur le toit de l'église Saint-Joseph. Son sang, il a giclé jusqu'au troisième étage des *Galeries de Bab-el-Oued*. Mais, à de vrai, la plus grande partie de Zamit on ne l'a pas retrouvée. Ou le bon Dieu lui a évité des frais d'enterrement ou il a atterri sur le toit du tramway. Et dans un grand rire pas franc : Tu te rends compte de cette chance ? S'il est sur le toit d'un tramway, il fait tous les aller-retour à l'œil.

Il rigolait.

Les arnaqueurs, ils s'imaginent que les enfants peuvent tout gober. Je partais découragé quand il m'a rappelé :

— Eh petit ! Tu veux gagner dix francs ?

Il me montrait une pièce toute brillante.

— Qu'est-ce qu'il faut faire ?

— Presque rien. Tu m'accompagnes dans ma chambre. Je te le mets doucement. Et tu repars avec ta pièce. Tu ne dis rien à personne, c'est tout.

— Il faut que vous en trouviez un autre.

— Non. Viens, tu me sauves la vie. C'est toi que j'aime.

Il gardait la pièce au bout de ses doigts pour me tenter. Avant même qu'il s'en rende compte, j'ai pu la faucher et je me suis sauvé en courant. Pendant des mois, j'ai évité sa rue. Ce Maltais, il me terrifiait. Pour sa pièce, j'étais sûr que jamais il n'irait se plaindre aux flics.

A force à force, j'ai compris. Les gros, les maigres, les vieux, les jeunes, quand ils sont trop gentils avec moi, je me méfie.

Avec dix francs, on ne tient pas longtemps. J'ai fait de la monnaie et chaque jour, j'en donnais un peu à Maman. Elle me répétait :

— C'est bien d'aider un aveugle. Mais je préfère que tu ne t'approches pas trop de la maison. Tu te rends compte de la honte pour notre famille ?

Va savoir si aider un aveugle c'était bien ou c'était honteux. Mais maintenant, Zamit il se remplissait les poches dans un autre quartier. Et Maman s'était habituée à ce que je rapporte de quoi.

C'est le gérant du *Bon Vin* qui m'a sauvé la mise. L'esprit d'aventure l'avait amené en Algérie : le Sahara, les caravanes et patin-couffin. Il s'était vu épousant une Touareg voilée et parcourant le désert sur son chameau. Un soir de cafard, il m'a dit : "Putain de merde ! Ça existe pourtant les grands espaces, les Hommes bleus, les danseuses de Bou-Saāda. Et moi, je me retrouve marchand de pinard à Bab-el-Oued."

Il s'était mis à picoler et il déconnait comme s'il était d'ici. S'il n'avait pas avoué que la mer lui faisait peur, personne n'aurait pensé qu'il venait des Ardennes.

Avec un patron pareil, je bossais heureux. Après l'école, j'allais direct au *Bon Vin* et je lui faisais ses petites livraisons. Sur le chariot, il me mettait jusqu'à trois casiers. Le plus dur, c'étaient les étages. Je ne pouvais monter que deux bouteilles à la fois. Des fois, les clients m'aidaient. Et en plus, ils me donnaient un pourboire. C'était le bon temps.

Quand un nouveau gérant est arrivé, cet enfoiré m'a dit sans ménagement : "Je n'ai pas besoin de toi. Les pourboires, c'est le premier bénéfice."

Je m'imaginais alors que trouver des petits boulots c'était facile. A force à force, j'y suis parvenu. Mais il n'y a pas tous les jours des prospectus à mettre dans les boîtes aux lettres ou les paquets recommandés de la pharmacienne à porter à la poste.

Bien que ce soit un peu défendu, j'ai accepté de vendre du kif à des copains de l'école. C'était un coup à me faire renvoyer. Mais avec le kif, chacun a intérêt à la fermer.

Ce mélange de haschisch et de tabac, on en trouve difficilement à Bab-el-Oued. Grâce à la sœur de Salviat, j'ai pu ravitailler des grands de la classe du certif. Ils sont quatre, inséparables. Ils préfèrent s'envoler que de jouer au foot. Je les avais toujours trouvés bizarres. Après, j'ai compris. Ils ont besoin de leur drogue comme de pisser. Quand ils en manquent, mieux vaut pas s'approcher d'eux.

Je suis devenu leur bête noire quand la sœur de Salviat s'est fait méchamment piquer sa marchandise par trois tueurs de la Casbah. Que pouvait faire une femme, même robuste, avec un couteau sur la gorge ? Du coup, elle a abandonné ce commerce. Et les fumeurs m'ont menacé d'une castagne maison si je ne les ravitaillais plus. J'en ai parlé à Salviat qui, après réflexion, leur a fourni discrètement l'adresse de la vieille pute qui approvisionnait sa sœur. En pleine Casbah. Les drogués avaient les jetons, mais ils y sont allés.

Quand je n'arrive plus à ramener de quoi, Maman m'envoie chez son frère Etienne, chef comptable aux *Denrées coloniales de l'Agha*. Un soleil de plomb frappe la rampe qui descend au port maritime. La balustrade en fer, celui qui la touche, il se brûle. De longues minutes, je dois marcher devant la voûte-bureau. Aller et retour. Comme si je me promenais. La honte, elle me monte à la figure. Je ne dois surtout pas me faire remarquer de l'épouse du directeur. Et je piétine, jusqu'au moment où Tonton Etienne regarde vers la rampe et m'aperçoit. Alors, discrètement, il sort de sa cage vitrée. Il va faire un tour à la pissotière, m'embrasse furtivement et me glisse dans la main un billet : "Comment va ta mère ?" Sans attendre la réponse, il se laisse avaler par les chiffres.

Comment, dans ces conditions, garder ce respect de soi dont me parle le père de Scotto ? "Tu vois, mon fils, si tu apprends un bon métier, toujours tu garderas la tête haute. Et jamais le bon Dieu il t'abandonnera. Le mieux, si tu peux, c'est de passer le concours et de devenir fonctionnaire. Le tout, c'est de rentrer. Après, obligé, tu avances. Et chaque mois, la paie te tombe. Garantie par la République."

L'Administration, elle a des règlements draconiens. Elle n'embauche pas les enfants. Surtout que je ne peux travailler qu'en dehors des heures scolaires. Je dois arriver, au moins, au certificat d'études. Après, comme les autres, je suivrai les cours du soir. Si on est sérieux on peut aller jusqu'au baccalauréat. Sans diplôme, jamais je ne pourrai rentrer à *l'Echo d'Alger* comme journaliste-débutant.

A force à force, je me retrouve apprenti plombier chez les frères Slama. Au début, c'est entendu comme ça, je ne vais travailler qu'à la sortie de l'école et les jeudis, de sept heures du matin à sept heures du soir. Je préfère déboucher toutes les chiottes du quartier plutôt que de faire les cent pas pour mendier à Tonton Etienne le billet qui efface le crédit.

Les jeudis sans la mer, sans le foot, sans le ciné et sans le Justicier, ça le tue, Scotto. Les frères Slama sont impitoyables. Ils lui ont interdit de nous suivre chez les clients : "On ne doit pas distraire le personnel." Maintenant que je suis le personnel, je dois souvent manquer l'école. On ne s'imagine pas combien il y a d'urgences dans le métier de plombier. Et chaque fois : "Ah ! monsieur Slama, on vous attend comme le messie. Vous voulez un café ?"

Après quelques semaines d'apprenti messie, le frère aîné des Slama m'a dit gêné : "Pardonne-moi mon fils, mais à de vrai, tu n'es pas fait pour ce métier. Oui, je sais, tu travailles de ton mieux. Tiens, prends ce billet. Surtout, surtout, n'en casse pas une à mon frère. De la bouche de nos enfants je l'enlève."

A neuf ans, on prend les revers du destin avec fatalisme. Par chance, demain, c'est le jour des Morts catholique.

A condition d'avoir un balai, un seau et une grosse éponge, on peut gagner de quoi faire tourner la maison des jours et des jours. Je dois me lever avant le soleil. Et courir au cimetière de Saint-Eugène pour proposer mes services aux familles qui viennent en voiture. Ceux qui descendent du tramway n'ont pas les moyens de se payer un laveur de tombes.

Depuis le temps que je fais la Toussaint, j'ai acquis une grande expérience. Malgré les années, je suis toujours le plus jeune. Mais la concurrence devient acharnée. Je retrouve mes clients des années précédentes. Et des autres qui ont maintenant une voiture et qui rigolent en me voyant : "Eh petit ! Tu ne demandes pas plus cher que les Arabes au moins ?"

Je prends l'argent qu'on me donne et je dis merci. Avec tous ces allongés qu'on retient prisonniers sous des rectangles de marbre, j'ai les jetons. Je n'arrive pas à comprendre la mort. Alors tous ces gens, plus jamais ils pourront descendre à la mer ?

Du cimetière en escalier, on la voit de partout, bleue comme un réconfort. Juste avant la corniche, on aperçoit le stade où se disputent les grands championnats. D'un côté, la vie explosive, de l'autre, la mort qui grimpe sur la colline. Comme un fait exprès.

Un monsieur bien mis m'a proposé d'entretenir la tombe de son épouse toutes les semaines et d'arroser les fleurs. Il semble résigné. Il m'a donné un billet de cent francs : Banque de l'Algérie. Enorme. Superbe. Rassurant. C'est l'affaire du jour : "Passe à l'étude tous les deux mois et si tu travailles bien, tu auras chaque fois la même somme."

Le soir, Maman reçoit sans étonnement l'abondante monnaie et le gros billet. A force à force, elle a maintenant confiance dans mon sens des responsabilités : "Tu as la tête de ton père, mais toi, au moins, tu as du cœur."

Françoise, ma sœur aînée, prend aussitôt les grosses pièces pour s'acheter un dictionnaire d'anglais. C'est une bonne élève. Elle est en quatrième du grand lycée de jeunes filles. A treize ans, elle intéresse déjà les garçons. Mais pas besoin de la surveiller. Elle n'a pas envie de s'amuser. Maman dit toujours : "Faut surtout pas la distraire de ses études."

Françoise, elle parle peu, mais je suis sûr et certain qu'elle aussi elle est malheureuse.

Dany reçoit, émerveillé, des piécettes, promesses de bonbons et de chocolats. Il n'a que six ans. Avec ses boucles blondes, mon frère ressemble davantage au petit lord Fontleroy qu'à un Calabrais. Et ses yeux verts, d'où il les sort ? Quand je pense que notre père, il n'est même pas venu pour sa naissance...

Avec l'avance prise, je peux aller à l'école sans manquer. En dessin, forcé que Scotto soit le premier. En composition française, c'est tantôt Ali Yaya, tantôt moi. M. Poignant, le maître, est un Français de France. Il est sévère mais juste. Il annonce à la classe : "Je vais vous lire la rédaction de Joé Bari." Le sujet est simple : "Vous êtes allé passer une journée avec vos parents sur une plage des environs d'Alger. Racontez cette journée."

C'est la première fois que j'entends une voix d'homme instruit lire mes imaginations. Ma parole, c'est superbe. Comme du théâtre à Radio-Alger. Quand il termine sa lecture, M. Poignant s'assied en silence. A savoir à quoi il pense ? Et soudain, il annonce : "Pour la première fois cette année, je donnerai un neuf." De joie je pleure.

Pour avoir une bonne note en rédaction, il ne faut jamais perdre de vue Victor Hugo. Si on écrit à l'école comme on parle entre nous, les maîtres, les pauvres, ils ne comprennent rien. Pas même le mot "mancaora", ils connaissent. Avec eux, il faut dire : "école buissonnière". Pareil que la marquise de Sévigné. A force à force, les rédactions, je m'applique à les écrire en français de France. Mais en dehors de l'école, je parle normalement.

Je regarde Ali Yaya. Eh bien, il n'est pas jaloux. Lui, c'est un poète. Ses rédactions, ce sont des mots qui chantent. Quand il s'envole, qui c'est qui peut le rattraper ? Mais la vérité, on n'arrive pas à devenir des amis. Tout juste s'il joue avec nous au football.

Un petit con de la rue de Cadix lance : "Bari, il parle de son père comme s'il en avait un. Il copie tout dans les livres." Scotto, indigné, se lève et réplique : "Espèce d'enfoiré. Le père de Bari, c'est un héros militaire. Des Légions d'honneur, il en a en pagaïe. Il n'est pas là parce que c'est un justicier."

La cloche de la récréation met fin à la dispute. Je murmure dans l'oreille de Scotto :

— Faut pas pousser. Mon père, il a fait scapa.

— Pleure pas, je te dis qu'il reviendra, ton père. Et puis, la vérité, la rue de Cadix, elle commence à me les gonfler.

## III

Un matin, à la sortie de l'école, Maman m'attend :

— Tiens, une petite liste pour Mme Mesguish, trois boîtes de tapioca, un peu de fromage râpé et un peu de beurre arabe. Dis-lui que je la paierai lundi.

Quel lundi ?

A force à force, Maman n'a plus la santé pour faire l'infirmière. Quand elle commence à tousser, mon corps se mouille de peur. Ça dure... Quand elle peut enfin parler, elle lève la tête et dit : "C'est très bon de tousser. Ça dégage." Je me demande chaque fois comment arriver à ce qu'elle soit dégagée sans être obligée de tousser. Même pas deux ans qu'elle est revenue de l'hôpital.

Mme Mesguish, l'épicière, lit la liste et me sert sans sourciller. J'entends son mari remuer des boîtes dans l'arrière-boutique. Pourvu qu'il ne me voie pas. Mme Mesguish accroche le papier à un clou spécial et me dit avec un bon sourire : "Dégage et marche la route sans te retourner."

Mais son mari, un géant, surgit brusquement et me regarde, les yeux sortis. Alors quoi, c'est pour rien qu'il a accroché une pancarte rouge : "Crédit est mort de faim" ? Comment lui faire comprendre que, justement, on voudrait éviter ce qui est arrivé à M. Crédit ? Mais les gens comme nous n'intéressent personne. Nos besoins sont suspects.

Le tapioca avec un peu de beurre arabe et un peu de fromage râpé, c'est le festin qui revient le moins cher. C'est bon, mais on s'en lasse. Et puis, je ne sais pas pourquoi mais, en décembre, on a besoin de croûter à sa faim. Françoise, elle se rattrape le midi à la cantine. Mais Dany et moi, obligés, on mange et remange du tapioca. Il me faut trouver de quoi.

Depuis des semaines, je vais au cimetière laver la tombe de Mme Ladoumègue et arroser les fleurs. J'ai même planté des soucis, que j'ai fauchés dans les jardins de l'Esplanade. Je me risque à l'étude du notaire. Un jeune homme affairé me montre une porte. Une femme blonde, superbe, opulente, me reçoit :

— Je suis le principal. Que veux-tu, mon petit ?

— C'est moi qui entretiens la tombe de Mme Ladoumègue.

Ma parole, le regard devient moins gentil.

— Maître Ladoumègue est très occupé.

— C'est lui qui m'a dit de passer tous les deux mois.

— Combien veux-tu pour ton travail ?

— Pour la Toussaint, j'ai reçu cent francs.

Elle a sursauté et m'a montré la porte.

— Et qu'est-ce que tu veux de plus ?

La salope !

Encore aller voir Tonton Etienne ? C'est un rituel auquel je n'arrive pas à m'habituer. Maman, elle ne se rend pas compte.

Je descends quand même au port, le pas alourdi par l'humiliation. Si, comme elle le raconte, c'est elle qui a élevé Tonton Etienne, elle qui l'a toujours soigné, pourquoi elle s'arrange pas directement avec son frère ? Pourquoi elle me mêle à cette mendicité ? Faut que je trouve un autre moyen pour lui rapporter de l'argent, beaucoup d'argent.

Un grand bateau blanc rentre au port. Les touristes seront assaillis par les marchands de cartes postales et de souvenirs. Il y a là une piste. Mais comment savoir à l'avance quand les paquebots de croisière font escale à Alger ?

Je descends jusqu'à l'arrière-port vers le quai réservé. Les marchands de dromadaires et lions de l'Atlas sont au moins une vingtaine. Mieux vaut ne pas rêver. Je reconnais l'un des vendeurs, M. Moulinot. Un grand sec qui habite le quartier quand il n'est pas en prison.

Le bateau s'avance lentement, mais peu à peu s'immobilise. Il est à peine à vingt mètres du quai. Autour de moi, des cris désappointés :

— Ils vont pas le laisser au milieu du port ?

— Tu vois pas que le remorqueur a une cagade ?

Les touristes aussi s'impatientent. Le bateau s'appelle *Oslo.* Ce nom me dit quelque chose. C'est sûrement une capitale du pôle Nord. Putain ! Ils en ont de la chance, ces gens. Ils viennent du nord et ils visitent toutes les villes de Méditerranée. Et nous autres qu'on vient de cette mer, on connaît même pas les autres ports.

Le remorqueur, il attend qu'on vienne le remorquer. A tous les étages, les passagers piaffent d'impatience. Les uns photographient la Casbah, les autres les collines des beaux quartiers. M. Moulinot s'approche de moi.

— Petit, tu sais plonger, hein ?

— Obligé.

— Tu peux voir des pièces sous l'eau ?

— Je ne suis pas aveugle.

— Laisse-moi ta culotte et ta chemise et nage vers le bateau. Des pièces, il va en tomber comme de la pluie. Tu les attrapes et tu les mets dans ta bouche. Attention de ne pas les avaler, hein. Remarque, tu les récupères le lendemain.

— Mais comment ils vont savoir qu'ils doivent me jeter des pièces ?

— Vas-y, fais-moi confiance.

J'ai la frousse, mais je plonge et je nage vers le bateau. Soudain une pluie de petites pièces s'abat sur moi. C'est Moulinot qui amorce. Et la manne commence à tomber des ponts. Je plonge et j'attrape au vol tout ce que je peux. Je laisse filer les autres, me promettant de les récupérer plus tard. Là-haut, les touristes applaudissent. J'en ai si plein la bouche que je reviens vers le quai. Je crache la recette dans les mains de M. Moulinot. Il me tend une petite sacoche.

— Ferme-la avec tes dents et attention qu'elle ne s'ouvre pas. Regarde, ils envoient un autre remorqueur. Tâche de revenir avant que le bateau t'écrabouille.

Je replonge à la grande joie des passagers. Dans l'ivresse de la cueillette sous-marine, je n'ai pas vu le bateau s'approcher du quai. Des cris m'avertissent. J'ai juste le temps de me faire remonter par M. Moulinot et ses collègues. Déjà des passerelles relient le paquebot au quai.

J'ai attrapé trente-huit pièces, mais cinq seulement sont françaises. Ils ont dû faire escale à Marseille. Je demande à M. Moulinot :

— C'est quel argent tout ça ?

— Anglais, surtout anglais. Très bon. Il y a aussi des pièces espagnoles et grecques. Ça vaut que dalle.

— Vous pouvez me les changer ?

Il me tend les pièces françaises : neuf francs.

— Tiens déjà ça. Tu sais, dans les banques, ils ne veulent que des billets. Pour toute ta monnaie, je te donne vingt francs. Et parce que c'est toi.

Un petit gros s'est avancé. C'est M. Lévy, dit “Pépé le Moka”. Il se balade avec un thermos et toutes les dix minutes, il se boit un petit caoua.

— Attends voir. Si c'était moi, Moulinot m'en donnerait cinquante. Tu sais pourquoi ? Parce que Moulinot n'aime pas qu'on le brutalise.

Moulinot se défend :

— Ecoute Pépé, demande au petit, l'idée qui c'est qui l'a eue ?

— Le crack c'est toi. Tâche moyen quand même de lui refiler cinquante francs.

Et se tournant vers moi :

— Il a l'air comme ça, Moulinot, mais il est pas crapule pour deux sous.

Moulinot, penaud, me demande :

— T'as la monnaie de cent francs ?

M. Lévy lui passe deux billets. Il m'en donne un.

— Merci, monsieur Moulinot. Merci, monsieur Lévy. A quelle heure il s'en va, le bateau ?

M. Lévy éclate de rire.

— A huit heures du soir. Si tu veux plonger jusqu'au fond, sois là demain au lever du jour. Et prie le bon Dieu que tu ne sois pas le seul. Et il se verse son petit caoua. A la tienne, petit.

Maman, elle n'a pas compris pourquoi je voulais me lever le lendemain à quatre heures du matin. Surtout que j'éternuais sans arrêt. Elle m'a mis des gouttes dans le nez, m'a fait avaler un citron pressé avec une aspirine et m'a menacé :

— Si tu tousses, je te mets des ventouses.

Je me suis réveillé à dix heures. Heureusement que c'était dimanche.

Maman, elle a toujours cru que le billet de cinquante francs venait de Tonton Etienne. C'était son tarif.

## IV

A l'arrêt du trolley qui va en ville, je surveille les petits cireurs de la place du Marché. Ils font un métier garanti, les yaouleds. Ceux qui font briller les souliers comme des soleils ont leurs habitués. Les autres, ils tentent leur chance auprès de ceux qui ne sont pas du quartier. Mais ils vivent groupés comme les doigts d'une main. Et ils ne se séparent qu'à l'approche d'un client possible : "Moi, m'sieu, moi, m'sieu !"

Pour ne pas les provoquer, il faudra que je travaille sur le trottoir d'en face, dans le tournant. D'où ils sont, ils ne pourront pas me voir. Et je risque moins de me faire remarquer par les gens qui me connaissent. Pourvu que Salviat ne passe jamais par là. Il n'aimerait pas me voir en cireur de chaussures. Pour le matériel de travail, c'est au père de Scotto que je vais demander de me prêter l'argent. Vingt francs, c'est rien pour lui. S'il les a. La petite caisse de bois avec sa bretelle, je la fabriquerai moi-même. Et je la barbouillerai de cirage rouge et noir pour ne pas faire débutant. Les brosses et les cirages, je les achèterai impasse du Lézard, au prix de demi-gros. Des chiffons de velours, à la maison j'en ai plein.

Pendant plusieurs jours, j'apprends le métier en regardant travailler les spécialistes. Ils insistent tellement que, pour avoir la paix, des gens aux chaussures propres se laissent cirer. Un jeudi, alors que je fais comme si de rien n'était, les cireurs traversent l'avenue et viennent tourner autour de moi. Va savoir comment, ils m'ont deviné. Si je ne dégage pas de leur territoire, je suis bon pour la calbote. Tout ce temps, j'ai pissé dans le sable...

Il me faut trouver autre chose. La mafia des yaouleds porteurs de couffins est moins nombreuse et plus dispersée. Si je parviens à proposer mes services discrètement, j'ai une chance. Ça urge. Dany et moi, on n'en peut plus de la sauter. La bouffe, on ne pense qu'à ça.

Je commence par des femmes du quartier, souvent des mères de mes camarades de classe. Elles s'étonnent de me voir faire le porteur et, compréhensives, me laissent saisir leur panier. Mme Moralès, la femme du carrossier, elle m'a même dit : "On ne va pas tout leur laisser, aux Arabes. Toi aussi, tu as le droit de te faire de l'argent de poche. Surtout que c'est un métier honnête."

Quand mes clientes se rencontrent, ça peut durer longtemps :

— Tu as vu le prix des tomates ?

— Tu parles ! La conserve ça revient moins cher.

— Les tomates, qui c'est qui peut s'en approcher ?

— Et les merguez ! Ils ont doublé.

— Les merguez, maintenant, je mets une croix dessus.

Et puis on tourne dans le marché. On passe et on repasse devant les mêmes marchands. Finalement, les aubergines, elles sont meilleures et moins chères chez Hussein.

Faut les soulever, les couffins pleins. Des tonnes ça pèse. Quand soufflant et suant je m'arrête, j'ai droit à un doucereux sourire :

— Repose-toi un peu mon fils, on a tout le temps. Dis Bouzid, elles sont fraîches au moins tes sardines ?

A force à force, les étalages tournent autour de moi. Dix sous, c'est le tarif. Et quel que soit le poids, quel que soit le trajet et le nombre d'étages, c'est dix sous. J'en ai pas vu une qui m'ajoute. Seulement Mme Moralès, chaque fois, elle me donne une banane.

J'ai pu travailler toute une semaine et Maman était soulagée de me voir rentrer avec quatre ou cinq francs. Je ne lui dis pas que je les gagne avec, au cul, la peur d'être repéré par les yaouleds.

Un dimanche, alors que j'accompagne Mme Moralès, Abdel Kader, le meilleur beurre frais du marché, il m'a dit fâché : "T'as pas honte, toi un petit Français, tu prends le pain des Arabes !" Mme Moralès, le sang lui est monté à la figure : "Ce petit, c'est comme mon fils. Et si c'est pas lui, c'est personne. Si tu dis encore une parole, je vais en face." Elle prend des risques, Mme Moralès. En face, le beurre arabe, il n'est pas frais du jour.

Le lendemain, en descendant le large escalier qui mène à la maison, je me trouve face à cinq yaouleds. Ce sont des pas plus grands que moi. Un, j'aurais pu me le faire. Même deux, sans leur laisser du temps. Mais cinq sur le paletot... Il faut improviser. Ils tournent autour de moi en silence. La raclée je n'y échapperai pas. Et j'ai une chemise toute neuve que Maman m'a confectionnée avec une usagée de Tonton Etienne. Sûr, ils vont me la déchirer. Des heures, elle a travaillé Maman.

C'est un petit de rien qui m'annonce :

— J'te jure akarbi, mon frère, il t'en donne une et t'as le compte.

Le plus grand fonce sur moi, la tête la première. J'esquive de justesse. Il va se cogner contre le mur et sa figure pisse le sang. Quatre, il en reste, qui m'injurient : "Sale juif ! Sale Espagnol ! Sale Italien ! Sale Français !"

Ce qui me fait le plus peur c'est leurs coups de tête empoisonnés. Je me plaque contre le mur d'en face. Me défendre avec les pieds, les poings, la tête mais, quoi qu'ils fassent, tâcher de rester debout. L'un d'eux tire son couteau à cran d'arrêt. Lame sortie, il avance à petits pas vers moi.

Soudain, montant paisiblement les marches, Salviat. Ma parole, depuis hier, il a encore grandi. Il va droit sur le yaouled au couteau et d'un coup de pied professionnel, il balance l'arme en bas de l'escalier. Puis, il demande gentiment :

— Vous voulez quelque chose ?

Et le plus hardi de répondre :

— Oui, m'sieu. T'as pas l'heure ?

Salviat regarde un bracelet-montre imaginaire :

— C'est juste le moment de rentrer à la maison. Fissa !

Ils vont chercher leur camarade à terre, récupèrent leur cran d'arrêt et me regardent avec tant de cruauté sortie qu'ils atteignent leur but : le marché, c'est fini. Et je dois faire attention à moi.

— Ils t'ont rien fait ? demande Salviat.

— Ils n'ont pas eu le temps.

— Et celui qui pleurait sa mère contre le mur ?

— Il y est allé tout seul.

C'est en riant que nous sommes descendus sur la placette. Salviat m'a demandé si je me sentais enfin capable de jouer demi-centre.

— Laisse-moi ma chance.

— Il faut aussi que je trouve un goal. Scotto, il a bien choisi le moment pour se payer une angine. Tâche moyen de le décider à jouer. S'il était avant-centre, je ne dis pas. Mais dans les buts. Même avec quarante de fièvre, un as comme lui peut bloquer un penalty.

C'est vrai. Scotto, il en a pas l'air, mais il devine où le ballon va arriver. Va savoir. C'est peut-être ça l'intuition artistique.

J'ai laissé Salviat et j'ai filé vers le magasin du père de Scotto. Il est tailleur, avec une grande vitrine sur l'avenue. Tout le monde peut le voir cousant. Leur appartement est juste au-dessus, sur la cour. La concierge, c'est une femme qui nous laisse vivre. Des fois même, devant ses fleurs, on joue au ping-pong. Aux vieux schnoques qui, de leurs fenêtres, nous balancent des seaux d'eau, elle leur demande si par hasard ils ont été jeunes. Des concierges qui veulent le bonheur des enfants, on en rencontre de moins en moins.

Ça devient compliqué de trouver de quoi. Aussi, avant de monter voir le soi-disant malade, je veux discuter de la situation avec le père de Scotto. C'est un homme qui, derrière ses lunettes, comprend la vie et je peux dire que, pour le quotidien de tous les jours, il m'en apprend plus que les livres. Même ceux d'Alexandre Dumas. D'Artagnan, c'est un intrépide, mais je voudrais bien le voir essayant de gagner sa vie à Bab-el-Oued.

M. Scotto, il est occupé avec une grosse dame brune que je connais de vue. J'ai vite compris qu'elle essaie de lui fourguer un lot de cravates :

— J'en ai huit cents. Des merveilles. Vous les mettez dans votre vitrine et vous faites un malheur. Je vous les laisserai à deux francs et vous pourrez choisir. Le monde entier, il passe devant votre magasin. A cinq francs, vous les vendrez comme des petits pains.

Le père de Scotto, il palpe les cravates sans conviction :

— Non, madame Paula. J'ai des costumes en retard. Et pas des retournages. Des vrais, sur mesure. Regardez-moi ces tissus : direct de Piccadilly. Ils sont coupés et les clients attendent.

— Mais ça n'empêche pas. Au contraire. Vous avez vu ces couleurs ? Le client rentre pour une cravate et il vous commande un costume tout neuf.

Elle est mal barrée, la dame. Pourtant, elle insiste :

— Tenez ! Si vous me les prenez toutes, je vous fais un lot. Huit cents cravates de premier choix pour mille francs. Et vous payez tout doucement.

Il l'enverrait bien chez sa mère, mais il cherche à la mettre dehors sans la fâcher. Je m'avance :

— J'achète le lot. Mais je paie doucement.

Les deux grandes personnes me regardent comme si une étagère leur était tombée dessus. Mme Paula éclate de rire. M. Scotto me dévisage, plutôt inquiet. Il réprime un mouvement de colère italienne quand la femme s'exclame :

— Vous le connaissez ce morveux ? De quoi je me mêle ?

Le père de Scotto, qui sait lire dans les yeux, il lui répond d'un ton hivernal.

— Vous pouvez lui faire confiance.

Elle est ébranlée, Mme Paula. Mais elle prend son temps pour dire :

— Soyons sérieux. C'est un gosse.

Elle se tourne vers moi et me gratte le menton :

— Areu areu...

Sans me vexer, je tente de la rassurer :

— Je vous les prends au fur et à mesure.

— Et comment tu me les paies ?

— Minimum dix francs par jour. Je vous donne ma parole.

Une fois encore, elle me rit à la figure.

— Et c'est avec ta parole que je vais payer mes échéances ?

Cette femme, elle n'est pas vraiment du quartier. Elle n'a pas compris qu'une parole c'est une parole. Et que nous, on se fait tuer plutôt que de manquer à la parole. Elle se tourne vers le père de Scotto :

— Et où il va vendre ?

— Ça, c'est son affaire.

— Et avec quoi il va bloquer le lot ?

Alors le père de Scotto, il a eu un geste, de ma vie entière, je ne l'oublierai pas. Les Trois Mousquetaires ont raison : la noblesse de cœur, ça existe. Un billet de cinquante francs, il a sorti de son tiroir.

Elle est gourmande, Mme Paula.

— J'en veux autant tous les jours.

Alors là, pour la première fois, j'ai vu M. Scotto piquer une colère italienne. Il lui a jeté à la figure :

— Vos cravates, vous pouvez vous les garder. Le petit, il vous donnera ce qu'il pourra quand il pourra. Et si vous trouvez mieux, on ne vous retient pas.

Mme Paula avait déjà raflé le billet.

— Au nom de qui je fais le reçu ?

C'est d'Artagnan qui a dû me souffler :

— Votre reçu, vous pouvez vous le garder.

# V

Mme Paula et moi, nous sommes devenus de vrais amis. C'est que je lui en vends des cravates. Et des soirs, émerveillée par la recette, elle me retient à dîner.

Son mari, long comme une ficelle, est yougoslave. La vérité, en largeur, elle le fait trois fois. A part comme homme de compagnie, je me demande à quoi il sert. Des fois, elle me presse contre son immense poitrine et elle lui affirme : "Ce petit, il ira loin." Au Yougoslave, ça lui en touche une sans faire bouger l'autre.

Tous les après-midi, à la sortie de l'école, je file en courant à la maison. Et le jeudi, je fonctionne à plein temps. Tandis que Françoise et Dany font leurs devoirs, moi, je fais la tournée des cafés de Bab-el-Oued. Si on compte bien, il y en a cent onze.

Je commence toujours par les petits bistrots espagnols. Les clients andalous sont tassés dans la fumée de leurs cigarettes. Ils jouent avec des cartes de chez eux, deux contre deux. Ils ne sortent de leur mutisme que pour abattre leur jeu :

— Y caballo de copas !

— Y rey de bastos !

— Y tres de espadas !

Et le cri feutré de la victoire :

— Y as de oros !

Ils sont tellement pauvres qu'ils n'ont jamais osé pénétrer chez un chemisier pour se payer une cravate de couleur. Ils ont, une fois pour toutes, acheté une cravate noire avec un brassard du même ton. Ça va ensemble. Ils s'en servent quand l'occasion se présente.

Maintenant que je viens personnellement leur offrir des cravates neuves au prix des usagées, ils prennent leur temps pour choisir mais ils achètent. Les vieux sont à la fois admiratifs et hésitants.

— Si je pouvais, je t'en prendrais bien deux.

— Allez, tâche moyen de te décider. Le muchacho, il attend.

C'est vrai, ils ne sont pas rapides. Mais je me régale de les voir extasiés.

Les cafés-brasseries avec billards, c'est autre chose. Les clients, ils ont même pas fait leur service militaire. Quand ils ne jouent pas, ils viennent regarder les cravates, les palper. Un fanfaron me lance :

— Dis petit, où tu les as volées ces cravates ?

La rabia me prend :

— Chez ta mère pendant qu'elle s'amusait avec le marchand de vin.

C'est dur à entendre. Mais ce n'est pas moi qui l'ai cherché. Il lève le poing pour me frapper. Ses camarades le retiennent.

— Dis, tu ne vas pas donner son compte à un petit ?

A force à force, séduits par les couleurs et par les prix, les jeunes, ils s'en prennent jusqu'à trois à la fois.

Le café-brasserie le plus réputé, c'est *Chez Riri*. La plupart des clients sont des fonctionnaires corses et des commerçants juifs. Le comptoir est garni des meilleures kémias du quartier : anchois, crevettes, olives noires, olives vertes. Des nourritures si salées qu'obligé on est de remettre ça. Et l'anisette coule à flots dans un vacarme joyeux :

— Tu nous remets ça, Riri. Dis, oh, pourquoi aujourd'hui y a pas des calmars ?

— Purée ! Qu'est-ce qu'il a morflé !

— Quand j'ai vu son père, un bâton à la main, la peur que j'ai eue. Pour une heure d'extase, ma vie, je l'ai risquée.

— Tu ne vas pas me dire que tu t'es farci Marlène ? D'abord, elle est fiancée. Ensuite, elle est trop chère pour toi.

Ces hommes, ils se soûlent plus de mots que d'anisette. Ça parle. Ça parle. Je ne sais pas quel moment choisir pour me planter devant eux et leur montrer mes cravates. C'est près des billards que je pense avoir le plus de chance. Entre deux parties animées, les paris fusent. Le bookmaker attitré encaisse et paie les gagnants sur le coup. Comment il s'arrange pour que tout le fric lui revienne ?

Le champion des joueurs, c'est le neveu de *Chez Jules*, le chemisier de luxe de l'Avenue. Il ressemble à Cary Grant, avec deux têtes en moins. Il n'aime pas me voir dans ses parages :

— Depuis que ce petit con se balade avec ses cravates de second choix, il nous nique le bénéfice.

Ses supporters veulent me chasser :

— Allez morpion, va de là.

— C'est pas l'heure de ton biberon ?

— Il est encore ici, çui-là ?

— Allez, tâche moyen de dégager.

Et le neveu de *Chez Jules* résume :

— Si tu continues à nous casser le travail, je te tue.

Je bats en retraite et le soir, pendant le dîner, je raconte à Mme Paula les menaces du neveu de *Chez Jules*. Elle réfléchit longuement pour, en final, me dire :

— Faut plus aller chez Riri.

— Cary Grant a l'air comme ça, mais il n'est pas méchant pour deux sous.

Et je lui parie dix francs que j'arriverai à lui vendre une cravate. Elle me regarde pas rassurée.

— Mieux pour tes pieds que tes dix francs tu les gardes. Tes espadrilles, elles vont mourir de fatigue.

Un soir, alors qu'il vient de gagner une partie serrée, je sors de la foule des spectateurs et je fonce droit sur le neveu de *Chez Jules*. Scotto est juste derrière moi. Le champion de billard recule.

— Eh ! Qu'est-ce que tu me veux ?
— Te vendre une cravate.
— Tais-toi ou je pleure. Les plus belles cravates de Bab-el-Oued, elles sont chez nous. Et moi, si je ne porte pas de la soie naturelle, je tousse.

Il a les spectateurs pour lui. Alors, je lui en sors une bleu de nuit avec des pois rouges. Le neveu de *Chez Jules*, obligé, il admire. Tout le monde peut voir : l'envie elle lui sort des yeux. Il la palpe.

— C'est pas demain que tu me la vendras.
— Tu as raison. C'est pas demain, c'est ce soir.
— Arrête ou je fais un malheur.

Les spectateurs s'amusent pour de bon. Le “book” lance :

— Je prends les paris.

Le neveu de *Chez Jules* répond :

— C'est mon poing sur la gueule que tu vas prendre.

La beauté de la cravate le nargue. Même en soie naturelle, il n'en a pas une comme ça. Mais comment acheter de la soie artificielle sans perdre la figure ? Je me tourne vers Scotto :

— Eh bien, puisque monsieur ne veut pas de ma cravate presque en soie naturelle, ton père aura un beau cadeau d'anniversaire.

Alors Cary Grant m'arrache la cravate et dit à Scotto :

— Marque dommage. J'ai la priorité.

Et gentiment, il me dit :

— Pourquoi tu m'as caché qu'elle était presque en soie naturelle ? A combien tu me la fais ?

Je prends mon temps.

— Pour toi, parce que tu es un spécialiste et un homme de goût, ce sera huit francs.

Le neveu de *Chez Jules*, grondeur, ordonne au “book” :

— Donne-lui cinq francs avant que je le tue.

A Bab-el-Oued, le verbe tuer c'est une façon de parler. J'en connais qui se tuent au travail, même quand ils jouent aux dominos. Avant d'en prendre une sur la figure, Scotto et moi on se tire en courant.

*

Mme Paula a perdu honnêtement son pari. Dix francs, elle m'a donné. A la condition que je m'achète une paire d'espadrilles renforcée de cuir et avec des lacets. C'est presque une paire de souliers du dimanche que j'ai aux pieds.

Dans l'ensemble, je dois reconnaître qu'en ce moment, pour moi, ça va bien. Maman, elle n'est même pas étonnée de tout l'argent que je lui apporte. Quand je descends à la mer, au lieu de laisser mon linge à garder au vieux Ahmed, maintenant, je me paie une cabine aux "Bains Matarèse" : un franc, c'est plus rien pour moi. Je me suis même acheté un de ces slips rouges qu'ils font exprès pour les bains de mer.

Dès que vous réussissez un peu, tout de suite on vous met les yeux. Obligé de constater qu'il y en a des qui vous portent la scoumoune. La nièce à Matarèse, une pas belle du tout, elle m'a lancé, alors que je lui demandais une cabine près des douches : "Et pour qui il se prend, ce morveux ? Tu ne veux pas aussi acheter l'établissement pour un franc ?" Je l'aurais bien giflée, mais elle est vraiment trop grande pour moi. Et puis les filles, ça griffe, ça mord et ça tire les cheveux.

Meilleur d'aller à l'eau sans penser à rien : le bonheur. Après, je me paie une double part de calentita. Ce flan de pois chiches, il faut le manger tout chaud, quand il sort du four du boulanger. Sur les plages et près des écoles, il y a des grands-pères espagnols qui nous nourrissent pour dix sous le morceau. Ces vieux, ils sont la providence bon marché des enfants du quartier.

Scotto, qui a de quoi chez lui, il préfère la calentita chaude à tout. Salviat, lui, il prétend que ça remplit mais que ça ne donne pas de force.

Le soir, entre le gruyère de France et la mandarine, Mme Paula, elle m'annonce d'un ton que j'appellerai funèbre :

— Tu me dois encore cinquante francs. Et il ne te reste que les moches. Tâche moyen de les vendre vite.

Je savais bien que la nièce à Matarèse, elle m'avait mis le mauvais œil. Mme Mesguish, elle jette de l'alun dans le charbon allumé, et le mauvais œil, il brûle dedans. C'est pas pour de l'argent qu'elle fait ça, Mme Mesguish. C'est pour rendre service à sa fidèle clientèle. J'irai la voir plus tard. Pour le moment, il me faut liquider les dernières cravates.

J'ai pensé aux petits marchands qui tiennent échoppe contre la rampe de la mosquée. Ils vendent de tout et pas cher. Le jeudi suivant, avec les cravates invendables dans mon quartier, j'aborde Hamid, un vieux Kabyle à qui j'ai déjà refilé des parfums d'Arabie fabriqués par la sœur de Salviat.

— J'ai une affaire pour toi. Regarde.

— J'achète pas la marchandise volée.

— Tu auras une facture en règle de Mme Paula, la mercière du marché de Bab-el-Oued.

— Malheur ! Ne me dis pas que tu travailles avec cette grosse. Elle est toujours enceinte et jamais elle accouche.

Je lui explique :

— Un enfant, c'est tellement de soucis qu'elle ne veut pas qu'il sorte trop vite.

Le vieux Hamid rit comme s'il avait des dents. Puis il devient sérieux.

— Tes cravates, je te les achète deux francs pièce. Et je choisis.

— C'est un lot. Tu prends tout ou tu laisses tout.

— Et si elles me restent sur le ventre ?

— Tu me donnes cinquante francs et, avec tes bénéfices, tu peux t'acheter une maison de Français à Tizi-Ouzou.

Il repart dans un long rire édenté. Même s'il ne fait pas une excellente affaire, il échappe un moment à la monotone attente du client. Il ramasse les cravates, les compte, les recompte.

— Grandis encore un peu et je te prends comme associé. Toi, tu restes ici, comme un roi, et moi je retourne en Kabylie voir pousser mes figuiers.

Un avenir royal m'étant assuré, je promets à Hamid de revenir le voir après mon certificat d'études.

— Inch' Allah.

Il m'a rappelé :

— Et surtout, apprends bien à compter.

Faudra bien. Le quotidien, on peut pas dire à l'avance où il va vous frapper. Mais sûr et certain que je n'accepterai jamais de devenir un minable.

# VI

Ce qui me tue, c'est l'avarice de la vie. Le temps qu'on perd à trouver de quoi ! A de vrai, ça devient de plus en plus difficile.

Je ne suis pas le seul à travailler en plus de l'école. Salviat se lève tous les matins à cinq heures pour livrer du lait pas mouillé à ses clients de la placette. Son bidon, qui peut le soulever ? Eh bien, lui, il monte les étages en danseuse, avec son récipient sur l'épaule. Comme sa mère lui fait un prix spécial, il met le bénéfice dans sa poche.

Scotto, lui, son argent il le gagne le soir en aidant son père à faufiler les vestons. C'est pas qu'il aime ça, mais le métier de tailleur, il pourra quand même lui servir. Les dessins, c'est pas du sûr.

Ali Yaya, dont le père est patron pêcheur, il nous apporte du poisson qui sort de la mer. Les frères Amoros, tous les soirs, ils aident leur père à monter les espadrilles. Et d'autres...

Eh bien, tous ils me disent que c'est la crise, que les gens n'ont pas d'argent. Salviat, à crédit, il vend ses demi-litres de lait. Et Ali Yaya, il n'attend même plus qu'on le paie. Il inscrit ce qu'on lui doit.

Sûre de recommencer le coup des cravates, Mme Paula a acheté un lot de ceintures. Sur chaque carton, six différentes. Eh bien, les clients, ils ne se jettent pas dessus. Ce qu'ils veulent, c'est des cravates. Les Andalous, qui font tenir leur pantalon avec une ficelle, ils ne veulent pas changer d'habitude. Même avec leur beau costume noir.

Le dimanche, ils mettent une grosse épingle de nourrice et ils font attention à ne pas la perdre.

Dans les cafés-brasseries avec billards, il m'a fallu des jours et des jours pour vendre six ceintures. Je n'arrive plus à faire marcher la maison. De loin en loin, mon père, cet inconnu, envoie un mandat de cent francs. Maman garde l'argent pour le loyer. Même au beau temps des cravates, nous n'avons pas réussi à rattraper ce qu'on doit au propriétaire.

Un matin, il est venu en personne nous rendre visite. C'est un petit homme discret. Grâce à la gargoulette, Maman a pu lui servir une anisette glacée. Il a caressé les cheveux de Dany et il a murmuré : "C'est propre chez vous. On pourrait manger par terre." Il est parti en disant : "Ne m'oubliez pas trop quand même."

L'oublier ? On ne pense qu'à lui.

*

Plus le temps de descendre à la mer. Heureusement qu'il y a le foot à la sortie de l'école. Depuis que je joue avant-centre, je me défonce tellement que je rentre à la maison dégoulinant de sueur.

Jouer au foot sur la placette, c'est formellement interdit. Mais avant le déjeuner, les flics n'apparaissent pas. N'empêche, on se méfie. On sait par où ils viennent et dès qu'un képi se pointe, le premier qui le voit hurle : "Scapa !" Il faut, avant tout, sauver le ballon. Et si possible, ne pas se laisser emmener au commissariat.

Le planton, un rouquin sadique, il n'hésite pas à nous enfermer dans l'une des geôles, jusqu'à l'heure de l'école. Ce sont des cellules sombres qui sentent la pisse. Les parents sont avertis mais ne bougent pas, car les amendes sont au-dessus de leurs moyens. Ils se contentent de préparer des sandwiches pour celui qui s'est fait prendre. Ça m'est arrivé une fois. Le sadique ne m'a délivré, avec une paire de baffes, que cinq bonnes minutes après avoir entendu la cloche de l'école. Maman m'avait mis trois sardines grillées et une tomate dans du pain. Deux heures de prison solitaire, ça ouvre l'appétit.

Les flics, ils nous laisseraient tranquilles s'il n'y avait pas les Martel. C'est un couple de retraités anti-jeunes qui ne bougent jamais de leur rez-de-chaussée. Obligé que, dans le feu de l'action, on leur casse, de temps à autre, une vitre. On a beau leur proposer de leur payer le vitrier, en échange du ballon, ces emmerdeurs préfèrent aller porter plainte au commissariat. Ce qu'ils font de nos ballons, mystère. Probable qu'ils trônent dans leur salle à manger comme des trophées.

Avec les autres voisins, pas de problème. Leurs fils jouent avec nous. Et du moment que le vitrier ne tarde pas trop, ils nous laissent vivre. Chaque fois, on se cotise et le plus généreux c'est Salviat. Maman, obligé qu'elle fasse partie des parents compréhensifs.

Nous avons vécu le ramdam de notre vie. Salviat avait fièrement apporté un vieux ballon de cuir, presque professionnel. On a joué avec cette merveille pendant près d'une demi-heure. Quand Scotto a crié "Scapa !", c'était trop tard. Le flic avait le ballon dans une main et, dans l'autre, l'oreille de notre goal. Sous prétexte de lacer sa chaussure, Scotto s'est baissé et il a pu lui échapper. Mais le précieux ballon est rentré avec le flic au commissariat.

Au début, nous étions une dizaine à faire cercle autour du poste de police. Mais, de minute en minute, une foule de copains du quartier et des rues proches est venue nous rejoindre. Le téléphone de Bab-el-Oued, il n'est jamais en panne. A midi, sans nous soucier d'aller déjeuner, nous étions plus de trois cents garçons à crier : "Le ballon ! le ballon !" Parmi les trois flics prisonniers dans leur poste, deux auraient bien voulu aller manger. Mais chaque fois, une marée humaine les repoussait vers l'intérieur. Et au passage, nous leur avons confisqué leurs bâtons blancs.

Soudain apparaît un grand bonhomme inquiet : "Laissez-moi passer, je suis le commissaire de police." Nous, cette grosse tête, on ne la connaît pas. Salviat s'avance vers lui et poliment lui demande ses papiers d'identité. Fou de rage il est, le commissaire. Il a sorti une carte avec, dans un coin, les bandes bleu blanc rouge. Salviat l'a bien examinée et décrète laconique :

— Vous pouvez entrer. Mais attention, vous ne pourrez ressortir que si vos esclaves nous rendent notre ballon.

L'homme, il est devenu rouge comme un poivron de paella.

— Vous allez avoir de mes nouvelles !

Et à Salviat :

— Vous c'est comment votre nom ?

Ma parole, la foule des supporters l'a regonflé. Salviat répond :

— J'hésite entre deux noms : Napoléon Bonaparte et Bonaparte Napoléon.

Le commissaire, hors de lui, est entré dans le commissariat. Et nos cris reprennent : "Le ballon ! le ballon ! le ballon !"

Une sirène d'alarme, gueularde comme pas possible, vient vers nous. Le car de police secours a essayé d'aller se garer devant la porte. Pour ça, il faudrait écraser des dizaines d'enfants. Alors le chauffeur, un tout jeune flic, il se range sagement en face et m'interpelle :

— Dis petit, qu'est-ce qui se passe ?

— Vos collègues, ils nous ont confisqué un ballon professionnel.

— Et pourquoi ?

— Parce qu'on jouait sur la placette.

Le jeune flic, il se demande si on se paie sa tête.

— Pourquoi vous ne jouez pas ailleurs ?

— Vous pouvez nous indiquer où ça se trouve, ailleurs ? Parce que dans tout Bab-el-Oued, il n'y a pas un seul terrain de sport.

Cet homme, je l'avais mis de notre côté. Quand ses collègues ont essayé de sortir du car, nous nous sommes massés contre la porte pour la coincer. Le jeune flic leur a crié en rigolant :

— Restez où vous êtes, sinon ils vont vous massacrer.

Et les cris continuaient, bien scandés : "Le ballon ! le ballon !"

Soudain, on n'en croit pas nos yeux : Edmond Grua, la gloire de Bab-el-Oued. Il est depuis peu rédacteur en chef du *Journal d'Alger*. Il s'avance vers le car de police et, narquois, demande au chauffeur :

— Y a des blessés ?

— Pas encore, dit l'autre. Mais on commence à avoir soif.

— Atso ! Quelle est la cause de l'émeute ?

— Ces enfants sont dans une situation illégale. Ils jouaient au ballon sur la placette.

Edmond Grua éclate de rire.

— Atso ! Ce sera la correctionnelle ou la cour d'assises ?

Il se tourne vers son photographe :

— Allez va, Alphonse, prends-moi un max de photos. Une page entière on va leur faire, dans le supplément du dimanche.

Et à Salviat qui s'avance :

— Bonjour mon fils. Alors, à qui il est ce ballon ?

Salviat, il est remonté.

— Nous, on voudrait savoir à qui elle est la placette.

Grua continue à bien se marrer.

— A tout le monde.

— Alors, elle est aussi à nous.

Grua demande :

— Tu me laisses entrer au commissariat ?

— Si vous ressortez avec le ballon.

— T'en fais pas. Le devoir il m'appelle. Et avec notre supplément du dimanche, ils cesseront de vous emmerder.

On a gardé le silence tout le temps des négociations. Et quand le commissaire lui-même nous a lancé le ballon, on a crié en chœur : “Merci, monsieur le commissaire.”

Il est sorti avec Edmond Grua, se lamentant :

— Juste aujourd'hui où le divisionnaire déjeune à la maison !

*

Le soir, avant d'aller au lit, je mime pour Dany les histoires que je raconte à Scotto. Mais mon petit frère veut participer. Très vite, le monologue devient dialogue. A califourchon sur la barre du lit, il conduit des avions, des voitures de luxe et des vedettes rapides. Le Justicier, c'est lui, et les méchants, c'est moi.

Il est doué, Dany. Mais à l'école, indiscipliné et turbulent. La vérité, j'ai été comme ça dans le temps. Mais avec toutes nos emmerdes, j'ai pas voulu ajouter l'école. Même si mon esprit est ailleurs, je joue les élèves attentifs. Et si on joue les attentifs, obligé, on devient attentif. Parce que je croise les bras sans parler, le maître me cite pour ma bonne conduite. Scotto et Salviat, ils n'en reviennent pas. Pour se reposer, ils ont décidé, eux aussi, de faire comme s'ils étaient tranquilles. A force à force, Dany suit nos conseils. Résultat, d'avant-dernier, il est passé troisième.

Maman, qui croit quand même à la vie, elle n'arrête pas de répéter : “Dany, j'en ferai un avocat.”

Et où je vais trouver de quoi lui payer des études qui vont jusqu'au service militaire avec sursis ? Surtout qu'en plus, elle veut marier Françoise avec un docteur. Ce docteur, il voudra une dot qui n'est pas dans mes moyens. Et un trousseau complet avec des draps de lin brodés main. Et des bracelets dix-huit carats.

Maman répète que les meilleurs maris sont juifs, délicats et tout. La preuve, toutes les filles du quartier, sans distinction d'origine, elles courent après les garçons juifs pour se faire faire un enfant. Après, obligé, le coupable il répare. Et des petites Siciliennes, pas même vendeuses à Monoprix, elles se retrouvent mariées avec un garçon de bonne famille sans apporter de dot. Sans une paire de draps. Les parents, victimes de la ruse féminine, ils pleurent toutes les larmes de leur corps.

Les ambitions maternelles, ça ne me paraît pas raisonnable. Déjà le mal que j'ai à payer les leçons de piano de ma sœur. Le temps des cravates, il est pas près de revenir. Des fois, j'essaie de confier à Maman que je voudrais arriver à devenir, un jour, journaliste-débutant à *l'Echo d'Alger*. Elle m'arrête comme si je parlais de décrocher la lune. Après, elle me console : "Chaque chose en son temps. D'abord, bien marier Françoise, ensuite, des études sérieuses pour Dany. Pour toi, j'ai pas peur."

Maman, elle me voit pas comme elle devrait. Ça a toujours été comme ça.

VII

Une qui me comprend avant que j'ouvre la bouche, c'est Grand-mère. Avec ses cheveux blanc doré et ses yeux bleus, c'est ma madone. La vérité, aller la voir, c'est une fête. Aujourd'hui, elle nous a invités pour un repas intime avec Tonton Didier, le plus jeune frère de Maman. Il est seulement de passage. Il vit à Toulouse, comme basse chanTante au Capitole. Didier, c'est le sourire permanent.

Grand-mère habite un grand appartement, dans l'artère qui longe la basse Casbah. Sous les arcades, les commerces d'épices et de tissus soyeux sont des mondes de parfums secrets. Toutes les ruelles, que l'on descende vers le port ou que l'on monte dans la Casbah, sont en escaliers. Et sans arrêt, on entend les portefaix, lourdement chargés, crier : "Balek ! Balek ! Attention !" C'est le domaine des sarouels et des gandouras.

Chaque fois que nous prenons le trolley pour nous rendre chez Grand-mère, nous passons du village italo-espagnol au village judéo-arabe. Avec les musiques orientales qui inondent ces rues, c'est comme si on changeait de pays.

Le samedi et même les autres jours, Grand-mère est sourde. Elle n'a jamais voulu adopter les appareils modernes. Son immense cornet d'écaille, pour elle, c'est un ami. Elle entend ce qu'elle veut, quand elle veut. Si ça l'intéresse, elle porte son cornet à l'oreille : "Répète un peu pour voir." Quand nous sommes seuls, je lui raconte combien c'est dur. Alors, elle met ses mains sur ma tête, elle ferme les yeux et m'assure : "L'Eternel te protège, tout s'arrangera."

Grand-mère, elle a traversé les dérives de la vie sans jamais se plaindre. Grand-père qui meurt sans avertir, en lui laissant un restaurant et sept jeunes enfants. Plus tard, trois fils déjà élevés tombés au champ d'honneur. Et tous les jours, sauf le samedi, elle faisait de ses mains une cuisine de spécialités cascher que même les imams ils en parlaient dans les mosquées.

Sa patience, à savoir d'où elle lui vient. C'est quand même pas parce qu'elle respecte le dimanche juif, qui tombe toujours le samedi ? A de vrai, tout mon courage, je le lui dois.

Dommage qu'à tous les coups Grand-mère insiste pour que j'aille le jeudi et le dimanche à l'école de l'Alliance israélite. Elle ne se rend pas compte. Entre gagner de quoi, le foot et la mer, j'ai pas une minute à moi. Et puis, avec mon père calabrais qui ne fait rien sans embrasser la Sainte Vierge, Maman, elle préfère y aller doucement avec la religion.

N'empêche, le jour du Grand Pardon, le jeûne est obligatoire. Ne pas croûter pour faire la fête, c'est un luxe de riches. Maman affirme que c'est le seul moyen de nous faire pardonner nos péchés. Pour moi, le péché, c'est de ne pas avoir de quoi.

Grand-mère, elle me rappelle souvent l'histoire de Tata Annette, sa fille aînée. C'était il y a longtemps. Elle avait une maladie : quarante de fièvre depuis des jours. Et douze enfants à charge. Le docteur a dit un soir : "Elle est perdue." Grand-mère est restée toute la nuit à son chevet, implorant le saint rabbi bar Yohai. Le lendemain, Tata Annette, elle a ouvert les yeux et elle a dit : Le saint rabbi bar Yohai est venu cette nuit. Il a posé sa main sur mon front. Et il a dit : "Maintenant, tu es guérie."

La franche vérité, l'histoire de Tata Annette me trouble. Ce saint rabbi bar Yohai, s'il guérit ma mère, fait revenir mon père et nous procure un appartement moins humide, obligé je serai de croire en lui. Mais ce saint rabbi, il a guéri Tata Annette pour la laisser dans de terribles difficultés alimentaires, avec un mari qui buvait son travail et dans un logement trop petit. Va comprendre.

Ce samedi, nous savourons une tafina maison : un couscous aux épinards dont la sauce mijote toute la nuit sur les braises du kanoun. Tout est préparé la veille avant le coucher du soleil. Djamilah, qui vit avec Grand-mère, la nuit, elle se relève pour entretenir les braises. C'est elle qui apporte fièrement les marmites sur la table.

Grand-mère préside, attentive.

Et c'est la surprise : un grand gâteau avec neuf bougies. Je n'avais vu ça qu'au cinéma. Djamilah l'apporte en dansant, une danse du ventre prudente. Encore un peu, je pleure. Grand-mère s'est souvenue du jour de mon anniversaire. Elle est bien la seule. Et elle a mis Tonton Didier dans le coup. De sa poche, il sort une montre, garantie étanche pour les plongées. Quand il me la donne en claironnant "Joyeux anniversaire", je crois rêver. C'est pas tous les jours que je reçois un cadeau utile de cette valeur. Il me dit :

— Je sais que tu es un garçon courageux.

Ces paroles m'ont fait encore plus plaisir que la montre.

A l'occasion de mes neuf ans, chacun de nous a droit à un présent. Maman, un corsage brodé avec une enveloppe épinglée. Au moins trois mois de loyer. Françoise s'extasie devant un bracelet en or, dix-huit carats, avec poinçon. Dany, qui attend son tour, ne voit rien venir. Alors quoi, on l'a oublié ? Grand-mère le prend par la main et l'entraîne vers la chambre du fond. Dany revient, triomphant, la main sur le guidon d'une bicyclette. Tonton Didier, il manque d'étouffer sous les baisers.

C'est au moment où Djamilah dispose les tasses de café sur la longue table que Tata Annette inaugure le défilé. Presque en même temps, déferle toute sa smala, avec des bocaux, des plats et même un faitout vide. Les enfants n'ont des yeux que pour la bicyclette de Dany. Lui, juché sur sa selle, il montre clairement qu'il ne descendra pas de son trône.

Tous, ils viennent embrasser Didier, la gloire de la famille. Il fait face à toutes ces embrassades sans perdre le sourire. Cet oncle, il nous réchauffe le cœur.

Avec toutes ces filles, ces fils, ces gendres, ces brus, ces petits-enfants et les bébés qui commencent à marcher, j'ai de la peine à m'y retrouver.

Distincte, élégante, silencieuse, arrive ma cousine Cécile. Elle vit et travaille avec une amie libraire. La vérité, ces deux femmes, elles s'entendent comme des amoureuses. Quand je vais dans leur magasin, chaque fois, Cécile elle m'offre un bouquin. Après les embrassades, elle vient me chuchoter :

— Ton cadeau t'attend à la librairie.

Côté cousins, l'aîné est un champion de belote, qui bricole dans les cafés en répétant : "Le jour où j'aurai un petit capital, je ferai un malheur." Les autres, ils mégotent au jour le jour avec une insouciance que j'envie. Pour s'acheter une chemise ou un paquet de cigarettes, ils demandent à leur mère. Pour moitié rien, ils se disputent et ça les occupe. Leur tchatche, j'ai jamais pu m'y habituer.

Tata Annette, c'est une femme qui a eu le courage de faire douze enfants avec un mari qui aimait tellement l'anisette qu'il est mort une bouteille à la main. Et pas moyen de la lui retirer pour le mettre dans son cercueil. Tout ça dans un trois-pièces cuisine où la nuit, à cause des matelas par terre, on ne peut pas circuler. Quand Maman était à l'hôpital, Tata Annette m'a pris en pension. Moi qui pisse la nuit, j'ai souffert.

Les repas de midi, c'était pas de la cuisine légère : haricots sauce rouge, pois cassés sauce verte ou lentilles sauce brune. Avec quelques morceaux de viande que les grands se prenaient pour eux. Sauf quand Tata Annette plongeait la louche dans la marmite et me servait le premier. A ces moments, les cousins, ils me regardaient comme un voleur.

C'était pas la famine, mais on aurait pu faire face à un second service. Mon cousin Roger, celui qui a les yeux qui se croisent les bras, il m'avait donné un conseil : "Tu manges en courant et après, tu viens avec moi à la soupe municipale. Mais obligé, tu apportes une gamelle. Du pain, tu peux en avoir deux morceaux."

Roger, bien qu'il ait son certificat d'études, il mange à tous les râteliers. Les jours sans école, il va déjeuner une troisième fois chez sa sœur Cécile. Un jour, je l'ai accompagné à la soupe municipale et je l'ai regardé faire la queue. Il n'a sorti sa gamelle d'une boîte à chaussures qu'au dernier moment. Il insistait pour que je vienne. J'avais faim, mais je n'ai pas osé prendre la place d'un vrai pauvre.

Chez Tata Annette, le soir, c'était quartier libre et le bon Dieu pour tous. Celui qui n'avait pas de quoi s'acheter des fèves au cumin ou une brochette dans du pain, il dormait pour oublier. La vérité, Tata Annette, souvent elle me gardait un peu du midi qu'elle réchauffait pour ma croissance. Au fur et à mesure que les grands partaient, pour cause de service militaire, de travail en France ou de mariage, les suivants prenaient leur place et pouvaient espérer attraper un morceau de viande.

Malgré la dureté des temps, Tata Annette m'aimait comme une mère. Les vendredis, elle m'emmenait au bain maure parce que les petits étaient admis avec les femmes. Elle me coinçait entre ses cuisses et me lavait la tête avec un savon liquide. Même si les yeux me piquaient, je les gardais ouverts pour admirer la variété des fesses berbères.

A leur froideur, je vois que les cousins ne m'ont jamais pardonné d'être venu occuper la place de benjamin. Sûr et certain qu'ils n'ont pas eu de chance. Vivant ou mort, leur père a toujours été ailleurs. Les uns et les autres, je les sens enfoncés dans une merde durable. Ils vivent au jour le jour en remuant du vent. La vérité, ce magma familial éveille chez moi trop de souvenirs de disette.

Tonton Etienne surgit le dernier. Sans son élégante épouse et sans ses enfants. Tante Gladys et mes cousins ne viennent pas souvent voir Grand-mère. C'est pas leur milieu. Les deux frères s'étreignent longuement. Ensuite, Tonton Etienne embrasse et serre des mains. A la fin, essoufflé, il s'assied sur son tabouret près de Grand-mère. Comme à l'abri de mystérieux ennemis. A ce moment, Tata Annette suit Didier dans le couloir et je devine qu'elle n'est pas oubliée.

Djamilah offre, avec le café, des pâtisseries au miel confectionnées par Grand-mère. Et brusquement, c'est la razzia, la volée dévastatrice des sauterelles. Ces morfalous de petits cousins s'abattent sur les gâteaux. Tout est confisqué en un rien de temps. Pas moyen d'attraper un seul cigare aux amandes. Djamilah, qui a prévu le coup, me fait signe de venir à la cuisine.

Un petit-fils de Tata Annette, çui-là dont le père est corse, il a osé refuser de goûter à ces bonnes choses. Grand-mère lui assène : "Alors tu préfères les gâteaux de la rue ?"

Ici, rien ne vient de la rue : le pain, les pâtes, les confitures, les gâteaux, tout ça est le produit de l'activité incessante de Grand-mère. Elle a vendu son restaurant à cause de son âge, mais elle ne sait pas rester sans rien faire. C'est que la famille, ça fait du monde. Surtout avec les voisins et le commissaire Paoli et sa femme, qui viennent d'arriver. Le commissaire Paoli, il a tellement pris l'habitude de protéger Grand-mère dans son restaurant qu'il continue de veiller sur elle. Jamais une fête sans lui.

A la cuisine, alors que je fais des provisions pour Françoise et Dany, Djamilah me confie qu'en plus des pâtes maison et des confitures, il y a, pour nous, des galettes à tremper dans le café le matin et des gâteaux aux amandes pour couper l'après-midi. La clientèle s'élargissant, Grand-mère a décidé que, désormais dorénavant, elle offrirait le contenu mais plus les contenants. Je comprends pourquoi ils se sont tous ramenés avec des tas de récipients.

Et maintenant, tous les regards sont tournés vers le héros de la famille. Avec les petits-cousins qui crient pour se défouler, nous sommes au moins soixante-dix à scander : "Rigoletto ! Rigoletto !" A force à force, Didier accepte de chanter le grand air. Sa voix mélodieuse, puissante, fait vibrer les vitres. Sûr qu'on l'entend au moins jusqu'au port.

Djamilah déclenche les applaudissements et, surprise de son audace, s'arrête net. Grand-mère, le cornet encore collé à l'oreille, regarde éblouie cette merveille de la nature, son fils, la vedette du Capitole de Toulouse. L'Opéra de Paris c'est rien à côté.

## VIII

Avec la bicyclette de Dany, obligé qu'on prenne un taxi pour rentrer à la maison. Ce vélo, il est trop grand pour lui. Je lui explique comment il doit s'y prendre.

Les voisins, à la fenêtre ils sortent. Comment Mme Bari a pu payer ce superbe engin à son fils ? Malgré notre orgueil, ils savent tous qu'on n'arrive pas à joindre les deux bouts.

Monté sur le vélo, je tourne autour de la placette pour montrer à Dany que c'est un jeu d'enfant. A un moment, un grand de la rue de Cadix, un jaloux, il se jette sur moi et je me ramasse une pelle. Mon frère se précipite et se dresse tant qu'il peut devant le grand :

— Mieux pour toi que tu dégages. Si tu touches encore à mon frère, c'est au cimetière que tu te retrouves.

L'autre, il regarde Dany, abasourdi. Mon petit frère, sûr de lui, en rajoute :

— Si tu reviens par ici, tu vas voir les coups que tu vas manger.

Dany arrive à faire peur à un plus grand que lui. Ses camarades s'enhardissent et entourent l'ennemi. Le grand de la rue de Cadix, il l'a sec. Je range le vélo et je lui dis :

— Moi de toi, vite je repars chez moi.

Il m'approuve, et ce péteux, il se sauve comme si on lui courait après. Dany, il gonfle sa poitrine et, comme un cow-boy son cheval, il reprend en main sa bicyclette.

Pour marcher à côté, ça va. C'est même impressionnant son assurance. Se maintenir sur la selle, c'est une autre affaire. Il faut lui donner un bon élan. Mais, serrant trop vite ses freins tout neufs, il s'arrête. Et il revient :

— Pousse-moi plus fort, Joé. Ces pédales, elles sont trop loin de mes pieds.

Je lui baisse la selle au maximum et je lui répète :

— Tâche moyen d'appuyer sec sur la pédale gauche. A force à force, obligé que ça marche.

Il insiste. C'est vrai, il a de la peine à atteindre la pédale. Et en plus, il n'a pas assez de vigueur dans sa petite jambe. Les yeux lui sortent de partout. Il me dit, résigné :

— Ce vélo, je vais le mettre à côté de mon lit et attendre de grandir.

J'ai connu ce problème avec le vélo de Scotto qui est à son père. C'est par la volonté et des bosses sur tout le corps que je suis devenu un vrai cycliste. La rue Rochambeau, je la descends à cent à l'heure, les bras en l'air. Même Salviat, il n'ose pas lâcher son guidon.

Je persuade Dany de remonter sur la selle. Au fond, il ne demande que ça. Mais il pose une condition :

— Alors pousse-moi plus fort. Sinon je tombe.

Chaque fois, il freine à quelques mètres, effrayé par une vitesse qu'il ne contrôle pas. Il revient, poussant son vélo.

— J'ai dit fort. Plus fort. Que je puisse tenir sur la selle.

Il commence à me les casser. J'appelle Amoros en renfort et, chacun une épaule, on le pousse avec la plus grande énergie. Mais où il va comme ça ? Direct dans la voiture de dépannage du carrossier. M. Moralès, qui a entendu le fracas, il sort voir. Quand il se rend compte que Dany a le visage écrabouillé, il le porte dans ses bras jusqu'à son bureau. Je cours derrière lui, épouvanté. Il me dit :

— Allons, allons, sois calme.

— Ça se voit que c'est pas votre petit frère.

M. Moralès, il se met à rire comme si c'était le moment. Il sort un flacon d'alcool iodé de sa boîte à pharmacie et lui tamponne le visage. Avec son mouchoir, il lui arrête le sang qui coule du nez. Dany, c'est un stoïque. Pas même une plainte.

Je vois surgir Maman, encore plus blanche que d'habitude. Elle crie :

— Dany, mon Dany. Regarde-moi. C'est Maman.

Dany, il ne réagit pas. Son visage est plein de sang et c'est comme si tout ça ne le concernait pas. M. Moralès me conseille :

— Joé, raccompagne ta mère chez toi. Dans une heure, Dany, je te le ramène tout neuf.

La voiture de M. Moralès démarre. Maman, elle pousse un cri comme une rage de dents :

— Dany, mon fils !

Et tournée vers moi :

— C'est de ta faute ! C'est de ta faute !

J'essaie de lui expliquer :

— Dany, il m'a demandé de le pousser plus fort.

Elle me regarde comme si, tout d'un coup, j'étais devenu un monstre.

— Tu as voulu le tuer. Et elle répète : Tu as voulu le tuer !

Elle est sortie de sa personne habituelle, Maman. Elle ne sait même plus ce qu'elle dit. J'essaie de la calmer. Avec qui je parle ? Elle me crie dans les oreilles :

— Tu es un assassin. Comme ton père. Mais toi, c'est en prison que tu finiras.

Elle connaît rien à la guerre, Maman. C'est vrai que mon père, il a tué beaucoup d'ennemis. Mais c'était sur des champs de bataille. Les autres aussi, ils tiraient. D'ailleurs, chaque fois on l'a décoré. Des médailles, il en a de toutes les couleurs. Ça ne sert à rien. Mais sur le mur de la salle à manger, ça impressionne. Surtout avec, au milieu, la photo du général de Gaulle l'embrassant après lui avoir remis la Légion d'honneur. Ça, oblige qu'on respecte.

Comment faire comprendre à une femme que tuer à la guerre c'est faire son devoir, que c'est même le seul moyen d'avancer. Elle veut pas me regarder. Elle rentre à la maison en traînant les jambes.

J'ai mal à ma mère.

Le mieux, c'est de courir chez le docteur Forlani, en haut de l'avenue. J'y suis en trois minutes. Je sonne et je rentre comme c'est écrit sur la porte. M. Moralès, il est dans la salle d'attente, debout.

— Il en a de la chance, ton frère. Une seconde de plus et le toubib n'était plus là.

— C'est grave ?

— Non. Il n'a même pas le nez cassé.

— Il va rester défiguré ?

Il me regarde, amusé :

— Répète pour voir. Dany, il a des éraflures. La carrosserie, elle est même pas entamée. Les éraflures, j'en soigne tous les jours. Les figures, c'est pas plus difficile à réparer que les voitures. Mais chacun sa spécialité.

Le docteur Forlani, il est sorti de son cabinet pour nous dire :

— L'enfant a été profondément choqué. Je lui ai fait une piqûre. Il va dormir ici cette nuit. M. Moralès, dites bien à Mme Bari que ce n'est pas grave.

M. Moralès m'a raccompagné dans sa voiture et il est entré chez nous. Maman, la pauvre, elle est prostrée. Mais la politesse avant tout. Elle lui dit :

— Remettez-vous, monsieur Moralès.

— Madame Bari, je vous promets que c'est un bobo. Le docteur Forlani, il aime tellement Dany qu'il l'a endormi pour se le garder chez lui. Mme Forlani, elle va vous le soigner comme un prince.

Maman, elle a eu la force de lui servir une anisette et de le remercier mille fois. Après son départ, elle m'a longtemps serré contre son cœur. Ça n'arrivait pas souvent. J'étais heureux.

— Tâche moyen de m'écouter sans bouger. Et ce secret de famille, jamais tu n'en parleras à Françoise et à Dany. La vérité, la Calabre c'est pas un pays pauvre. Ta famille possédait plein d'oliviers et de vignes. De son premier mariage, ton grand-père a eu un fils, Umberto. Et sa femme en est morte. Plus tard, il s'est remarié et il a eu un autre fils : ton père. Quand, bien des années après, ton grand-père est mort, Umberto a mis la main sur tout. Ton père était soldat en Ethiopie. Tais-toi, c'est maintenant que tu dois bien écouter.

"Quand ton père est revenu à Reggio, Umberto, il avait chassé ta grand-mère de la maison familiale. Et elle, une fille de bonne famille, elle était devenue bonne à tout faire chez l'archevêque. Ton père est allé voir Umberto. Il lui a demandé sa part d'héritage et la moitié de la maison. Umberto, qui était devenu un grand chef fasciste, il lui a ri au nez. Tout ça pendant des mois. Jusqu'au jour où Umberto a fait répondre par ses miliciens qu'il était en voyage. Alors qu'il se promenait dans Reggio, dans une Alfa Romeo.

"Un jour, ton père s'est rendu dans le bar du *Grand Hôtel*. Umberto paradait au milieu de ses amis. Ton père a sorti son revolver et a crié :

«Umberto, pour la dernière fois, veux-tu partager notre héritage et rendre une partie de la maison à ma mère ?»

"En guise de réponse, son frère lui a jeté son verre au visage. Et tous ses amis rigolaient.

"Alors, va savoir exactement ce qui s'est passé. Ton père, il a visé la tête. Et il l'a tué six fois de suite. Quand tu as tout contre toi, le malheur, obligé qu'il arrive.

"Par les montagnes, ton père a gagné Naples. De là, il a pu s'embarquer sur un bateau qui partait pour Alger. Quand je l'ai rencontré, il était professeur de latin au séminaire de Notre-Dame-d'Afrique. Tous les dimanches, il venait déjeuner au restaurant de Grand-mère. Il était si drôle avec son français calabrais. A chaque fois, il prenait les mains de Grand-mère. Et il les embrassait en disant : «Mamma. Mamma.» Sa mère à lui, elle était morte de chagrin.

“Un jour, en pleurant, il m’a tout raconté. Il me citait la Bible : «Le sang de ton frère crie vers moi.» Quand je lui ai dit : «Quelqu’un comme Umberto mieux qu’on l’oublie», pour ton père, c’est comme si le bon Dieu avait effacé son crime. Et il a eu le courage de me demander en mariage.

“Grand-mère a vu que je l’aimais et, malgré sa religion, elle l’a accepté. Elle voulait qu’il soit circoncis mais là, ton père, il a résisté. Françoise est née. Il y a eu la guerre. Ton père s’est engagé pour écraser le fascisme. Mais c’est le fascisme qui nous a écrasés. Les forces alliées ont débarqué à Alger. Et ton père a été décoré par les Américains. Parce qu’il avait aidé à préparer le Débarquement. Et tu es né. Et ton père est reparti à la guerre pour écraser le fascisme. Et cette fois, son char est entré dans Strasbourg.

“A force à force, il est devenu français. Protégé par ses décorations, ton père, il a voulu revoir Reggio et récupérer son héritage. Là-bas, on l’a mis en prison pour assassinat. Le consul de France l’a fait libérer, mais les juges calabrais n’ont rien voulu lui restituer. Seul l’archevêque, un honnête homme, il lui a remis la malle de sa mère. Pour arriver chez nous, ce coffre, il a mis six mois. Ton père, une main devant, une main derrière, il est revenu. Et maigre, tu peux pas savoir.

“Ses épreuves l’avaient marqué. Il ne raisonnait plus exact. Il répétait : «L’Algérie, c’est une colonie. Comme l’était l’Ethiopie. Faut partir.» Il racontait des horreurs, dont même les journaux ne parlaient pas. Il disait qu’on avait ramené d’urgence son régiment en Algérie pour leur faire raser des villages qui cachaient des nationalistes. Des morts, il y en avait eu en pagaïe. Même des femmes et des enfants.

“Fou, il était devenu. Il prenait l’Algérie française pour une colonie. Tout ça parce qu’il y avait des indigènes. Ce qu’il voulait, c’était vivre en France. Même l’hiver. Et personne qu’on connaît. J’ai pas accepté. Quitter Grand-mère. Faire vivre mes enfants dans le froid. Dans une mère patrie qu'on n'a jamais vue. Il ne se rendait pas compte."

Moi, à choisir, j'aurais préféré me les geler en métropole plutôt que de vivre au soleil sans mon père.

Maman s'est soudain mise à hurler :

— L'Algérie, c'était un prétexte. Un jour, je lui ferai payer ce qu'il nous fait.

A de vrai, Maman, elle l'aime toujours. Et moi, je commence à comprendre ma douleur. Alors, pour de bon, mon père il a tué son frère. Comme Caïn a tué Abel. Je pense à l'œil dans la tombe qui regardait Caïn. Maintenant, je le vois. C'est un œil calabrais, noir comme une nuit sans lune.

Mais pourquoi c'est toujours à moi que Maman dévoile des choses pas possibles ? Ce secret de famille, il est trop lourd à porter. Je vais vivre maintenant chaque seconde avec la peur de risquer de faire du mal à Dany.

## IX

C'est dans la malle de Reggio que nous avons trouvé de quoi. La vérité, Maman, elle hésitait. Et moi, je n'osais pas. Mais obligés nous étions.

Ce coffre de bois cerclé de cuivre, il est depuis des années dans un coin de la chambre de Papa. Avec un vase chinois dessus. Maman n'ouvre cette pièce que pour faire le ménage. Plein de livres il y a. Mais surtout en italien et en latin. Le vaste bureau occupe le milieu. Sur les murs, des reproductions de tableaux religieux. La clé de la malle est dans un tiroir du bureau. Ma parole, c'est la première fois que Maman la prend. Elle a toujours été délicate avec les restes de la famille Bari.

Nous avons décidé de faire un inventaire pour voir si, des fois, quelque chose pouvait se vendre sans salir la mémoire des disparus.

Cette malle, elle est pleine de choses inutiles : des vieilles dentelles, des lunettes, un énorme corset de satin rose et des albums de photos de gens d'un autre âge. Dans un papier de soie, nous découvrons un crucifix en ébène et un chromo de la Sainte Vierge.

Au-dessous de ce bric-à-brac, nous sortons du linge blanc avec des broderies. De vastes culottes montrent bien que, malgré ses vicissitudes, la Grand-mère de Reggio avait quand même de grosses fesses. Dans un coffret laqué, nous découvrons deux bracelets, une chaîne et une croix en or. Et un médaillon en argent qui contient Papa en militaire italien. Maman l'a longuement regardé et m'a dit :

— Tu as vu comme tu lui ressembles ?

Je demande si on va vendre les choses en or. Alors là, Maman, elle est formelle. Les objets de famille, on respecte. A part la croix, si elle épouse un docteur juif, les bijoux reviendront à Françoise.

Nous sommes presque arrivés au fond de la malle sans trouver de quoi. La grand-mère de Reggio avait gardé plein de journaux et c'est entre ces quotidiens du passé que j'ai dégagé un épais album de timbres-poste. Et en plus, des enveloppes jaunies avec encore des vieux timbres.

— La collection de ton grand-père. A savoir, peut-être que ça vaut quelque chose. Ton père, il gardait tout ça, mais on ne peut pas dire que ça l'intéressait.

Nous étions déçus. J'ai quand même remonté tous les journaux qui tapissaient le fond. Et aussi un gros livre rouge, cartonné, avec un titre en lettres dorées. Très vite, je me rends compte que ce livre n'est pas un livre. Il a une serrure, mais si rouillée que, sans trop la forcer, je soulève la couverture.

Alors là, Maman et moi, stupéfaits nous sommes restés. Ce faux livre est rempli de pièces anciennes bien tassées. Je plonge ma main. Sous un carton, il y a des pièces de l'Empire romain. Et sous le dernier carton, plein de pièces jaunes, toutes neuves. Maman, que rien ne démonte, me dit :

— Ce sont des napoléons.

Elle me prend dans ses bras et elle pleure. Moi, j'ai plutôt envie de sauter de joie.

— Nous allons prendre trente napoléons et vingt pièces anciennes. Nous les vendrons peu à peu. Le reste, on n'y touche pas. C'est la dot de Françoise.

Maintenant, Maman peut croire pour de bon que ma sœur va se marier avec un docteur. Elle me recommande :

— Nous allons cacher le coffret. Pousse la malle. Apporte la truelle et du ciment.

Là, Maman, elle m'a étonné. Avec une grande sûreté de geste, elle a tapé avec la pointe de la truelle sur le joint autour de quatre carreaux. Ensuite, elle les a délicatement retirés. Dessous, il y avait une cavité plâtrée.

— C'est ton père qui a construit cette cache. Jusqu'au débarquement allié, il y mettait des armes. Ensuite, il les a rendues.

Maman a déposé le coffret et a remis les carreaux, en les cimentant comme un vrai maçon.

— Laisse sécher. Dans une heure, tu remettras la malle dessus. Et surtout, n'en parle à personne.

Un cousin de Maman est artisan bijoutier. Et en plus, honnête. C'est lui qui écoule les napoléons et les pièces anciennes en faisant des colliers pour les putains de la Casbah. Les pièces romaines, il dit que ça vaut plus cher que les napoléons.

Les loyers en retard, le crédit chez Mme Mesguish, Maman a tout payé. Et c'est la tête haute qu'elle va au marché. Toujours avec le même petit porteur : un brun frisé. Un de ceux qui voulaient me tomber dessus. Copains on est, maintenant. Quand je suis là, il a droit à une banane. Un jour, il m'a dit :

— Ma parole si je mens, tu sais, dans l'escalier, on voulait juste t'expliquer que tu savais pas t'y prendre.

*

Le père de Scotto est venu proposer à Maman de nous envoyer, son fils et moi, en colonie de vacances à la montagne. Il dit :

— Le plus cher, c'est le trousseau d'enfant de la montagne. Regardez cette liste : même des canifs avec ouvre-boîte, il leur faut. Si vous me permettez, je vais tout acheter en double et vous me rembourserez votre part quand vous pourrez.

Maman a dit :

— Je vous rembourserai tout de suite.

La colo, c'est à Chréa, à soixante-dix kilomètres d'Alger. Des hauteurs, on voit toute la plaine de la Mitidja et, plus loin, un ruban de mer. L'air est si parfumé que je le respire comme une friandise. Ma parole, les arbres sont plus hauts que des maisons. Je ne savais pas que, si près d'Alger, il y avait des montagnes pareilles qu'en France.

Scotto et moi, nous découvrons que grimper dans les sentiers en chantant, ça donne autant de plaisir que de jouer au foot. Les moniteurs, ils connaissent toutes les chansons qui font marcher heureux. De *Jeanneton prend sa faucille* jusqu'à *Boire un petit coup c'est agréable*. Et de retour de promenade, nous sommes quarante-huit à manger à notre faim avec des appétits d'ogres.

Un jour que, par erreur, Scotto et moi nous marchions devant, Pinto, treize ans, est venu nous donner à chacun une baffe. Pinto, toujours il cogne. Pas jusqu'à nous abîmer totalement mais, quand même, ça fait mal. Il nous a avertis :

— Ici, le premier c'est moi. Alors, à la queue. Sinon...

Ce grand, c'est une terreur pareille aux gangsters américains. Les moniteurs s'écrasent. Le directeur s'écrase. Le vrai chef de la colonie, c'est lui. Les camarades, ils aiment ça, la dictature. Celui qui n'accepte pas, il est perdu.

Pinto, il a pour lui l'expérience. C'est sa quatrième année de colonie. Il connaît tout. C'est lui qui nous apprend à fabriquer les lance-pierres pour tuer les oiseaux. Même les élastiques, c'est lui qui nous les vend. On paie sans discuter.

Pour gagner sa haute considération, il faut tuer un max d'oiseaux. Alors Scotto et moi, on s'y est mis. Quand nous visons et qu'il en tombe un, Scotto me dit :

— Cet enfoiré de Pinto, il fait de nous des assassins.

Scotto, il préfère dessiner. Alors je me sers successivement et très vite de nos deux lance-pierres.

Je plains les oiseaux, mais je trouve la partie égale. Les fauvettes, elles nous attendent pas. Un soir, en contemplant ma guirlande de victimes, Pinto m'a dit :

— Bari, c'est toi qui sauves l'honneur de Bab-el-Oued.

Un compliment de Pinto, c'est rare. Mais Scotto, il n'est pas d'accord. Jusqu'à présent, notre honneur c'était de gagner des parties de foot.

Pinto, il n'est pas comme nous. Il est de la rue Rovigo, la rue qui monte le long de la Casbah. Et il a ses ambitions personnelles : commencer avec une, mais, très vite, avoir un régiment de putes qui travaillent pour lui. Tous les macs, toutes les putes, il les connaît. En rendant des services, il apprend tout doucement le métier. Déjà, il est connu comme fournisseur de petites filles et de jeunes garçons.

Scotto, il veut pas comprendre qu'obligés on est de marcher avec Pinto. Celui qui lui tient tête, on le retrouve pleurant sa mère au fond d'un ravin. Huit jours à l'infirmerie. Et personne n'a rien vu.

Un jour, en pleine promenade, Pinto s'est brusquement retourné et, braguette ouverte, il brandit une pine immense et violacée. Il nous crie, rigolard :

— Faites-vous inscrire, y en aura pas pour tout le monde.

Ses complices éclatent d'un rire crapuleux. Ce qu'ils veulent, une fois de plus, c'est nous compter pour rien. En douce, je sors mon couteau suisse et je déloge la grande lame. Scotto fait de même. Nous l'avons sec.

Du regard, nous cherchons de possibles alliés. Il y a des plus grands que nous, quand même. Nous ne rencontrons que des visages terrifiés. Que faire avec des dégonflés ?

Un moniteur a vu notre rage rentrée. Il se dirige droit vers Pinto et lui balance un crochet du gauche qui le jette à terre.

Le lendemain matin, pendant le café au lait, ce moniteur est entré dans la guitoune du réfectoire et, les dents serrées, il nous a dit :

— Adieu les mômes. Je suis obligé de redescendre à Alger. Essayez de bien profiter de vos vacances.

Il avait son bras gauche en écharpe.

Un après-midi, le directeur a fait mettre Pinto en prison sous une tente. Sous le prétexte vrai qu'il avait piqué vingt boîtes de sardines à l'huile. Tous, Scotto et moi avec, nous nous sommes assis par terre autour de la guitoune du directeur en criant : "Libérez Pinto ! Libérez Pinto !" Durant des heures. Nous sommes en pleine pétoche. A mes côtés, Scotto refuse de participer. Il garde la bouche ostensiblement fermée.

— Ton Pinto, je peux pas le blairer. C'est un bandit.

Maintenant, c'est "mon" Pinto. C'est trop. Et juste devant nous, Bouzid, le plus féroce lieutenant du salopard. Quand il nous regarde, je me place devant Scotto et je gueule pour deux. Alors que, par solidarité forcée, personne ne bouge pour aller dîner, Scotto veut se lever :

— J'ai faim.

Je le maintiens fermement assis par terre. Il veut défier qui, Scotto ? Je lui chuchote :

— Obligé qu'on reste tranquilles.

Il me regarde comme si j'avais perdu ma figure. Quand même, faut pas me confondre avec le Justicier. Les feuilletons à suivre, c'est pas exactement comme dans la vie.

La nuit tombe. Le directeur, d'un air de vaincu, il vient nous faire un discours. Nous savons ce qui nous attend si nous suivons l'exemple de Pinto. Enfermé dans une tente tout l'après-midi. Tu parles d'une punition. Il est dépassé, cet homme.

Pinto est sorti, plus triomphant que jamais. Juché sur les épaules de ses lieutenants, il a crié au directeur :

— Pour cette fois, je passe. Mais pour l'avenir, faites gaffe.

Même les moniteurs rigolaient.

Malgré la dictature de Pinto, j'ai grossi de cinq kilos et j'ai grandi pas croyable. Scotto, il a moins profité. Il ne sait pas se donner aux bons moments de la vie.

Deuxième partie

# PUTAIN DE SA MÈRE !

# X

Un après-midi pluvieux, je rentre de l'école en courant. C'est le docteur Forlani qui m'accueille.

— Toi aussi, tu veux attraper la crève ?

Il va prendre une serviette dans l'armoire et il me fait ôter ma chemise mouillée. Après, il me sèche comme un fils. Je ne sais pas si c'est d'aller à la messe tous les dimanches mais sa femme et lui, ils ont vraiment du cœur.

— Va mettre une autre chemise, j'ai à te parler.

— Et Maman ?

— Je lui ai fait une piqûre. Elle se repose.

— J'ai pas froid. Vous pouvez parler.

D'abord, il me félicite parce que je suis passé au cours moyen. Tout ça, ce sont des salamalecs. Scotto et même Salviat y sont passés aussi. Les grandes personnes, toujours elles tournent autour du pot. Le docteur Forlani, il est comme un qui voudrait être ailleurs. Qu'est-ce qu'il va encore m'annoncer ? Mon cœur saute dans ma poitrine.

— Heu… Ta mère doit à nouveau entrer à l'hôpital.

Putain ! J'en connais qui jurent sur la tête de leur mère, total, c'est du vent. Et nous autres qu'on se ferait tuer pour notre mère, la vie, elle s'acharne contre nous.

— Alors trois mois d'hôpital et tout, c'était pour quoi ?

— Ça l'a aidée à tenir. Maintenant, il faut couper.

Couper ? Il parle pour de bon ?

— Et comment elle va respirer, Maman ?

— Je t'expliquerai plus tard. Ne t'en fais pas. Je vais commencer les démarches. Avec le livret militaire de ton père, ça ne vous coûtera rien.

A savoir ce qui va arriver à Maman. Même si elle ne me comprend pas, malgré tout, c'est ma mère. Blanche comme une lumière tamisée, elle apparaît.

— Et mes enfants, docteur ? Et mes enfants ?

— Eh bien, comme la dernière fois. Françoise chez sa grand-mère, Joé chez votre sœur Annette et Dany chez nous.

Maman me regarde, puis elle dit :

— Merci, docteur, pour Dany, mais ma sœur Annette, elle ne peut pas reprendre Joé. Elle l'aime comme un fils, mais ils sont déjà si nombreux dans leur trois-pièces. Et il y a les nouveau-nés. Même à la cuisine, elle met des matelas par terre. Je vais téléphoner à mon frère Etienne.

— Joé, c'est un petit homme. Je suis sûr que tout ira bien pour lui.

Ce refrain, je le connais. L'as des as c'est Joé et qu'il se démerde. Le docteur Forlani, ça se voit qu'il ne connaît pas Tante Gladys. Je vais me retrouver dans la condition d'un enfant pas désiré.

C'est de chez M. Moralès que Maman téléphone à Tonton Etienne aux *Denrées coloniales de l'Agha.* Quand le patron lui demande de la part de qui, elle répond avec naturel : la Société protectrice des enfants.

A Tonton Etienne, elle lui annonce qu'obligée elle rentre à l'hôpital et qu'obligé il va prendre Joé en pension chez lui. Je comprends vite qu'on nage en pleine soupe de fèves. Et soudain, Maman, elle s'énerve. Le pauvre Tonton Etienne, qu'est-ce qu'il prend !

— Ta femme, j'en ai rien à faire. Tu ne veux pas que j'aille lui demander la permission de monter sur le billard ? Non, il n'y a pas d'autre solution. Ou Gladys, elle accepte gentiment ou elle accepte forcée. Bref, j'abrège et j'attends.

Et elle raccroche. Tonton Etienne, comment il va convaincre son épouse ? Lui qui a pris l'habitude de s'écraser.

Lors de la première hospitalisation de Maman, j'ai déjà vécu chez Tante Gladys. C'est une qui vous fait des sourires sucrés par-devant et des embrouilles terribles par-derrière. A de vrai, dans cette maison, j'étais devenu un esclave. A son service, au service de sa mère et au service de mes trois cousins. C'est ce qu'elle appelait faire mon éducation. Elle prévoyait chaque minute de ma vie et me préparait des listes de travaux et de commissions qui me laissaient tout juste le temps de respirer. Et tout ça avec un tact exquis : "Il est merveilleux, ce petit. Il sait tout faire." L'exploitation de l'enfant par la femme, jamais personne ne l'a dénoncée. Et pourtant, ce drame, il existe.

A l'époque, la mère de Tante Gladys, elle était encore de ce monde. Et elle habitait sur le même palier. Sa bonne venait de se marier et elle se retrouvait toute seule avec sa dame de compagnie. J'ai hérité d'une chambre au sixième étage par l'escalier de service. Avec une fenêtre qui donnait sur le couloir. Eh bien, quand je me retrouvais loin de Tante Gladys, j'étais heureux.

"La Douairière", comme disait Tonton Etienne, il y a des choses qu'elle ne pouvait pas demander à une dame de compagnie venue directement de Lausanne, en Suisse. Aussi, le matin, mon premier travail était de vider son grand pot de chambre. Et de le rincer avec de l'eau de Javel. Ensuite, il fallait aller lui acheter des croissants chauds. Au beurre. Et revenir en courant pour pas qu'ils refroidissent. Malgré mon abonnement scolaire au trolley, j'arrivais à mon école en retard. Et j'avais zéro en conduite.

Les jeudis et les dimanches, je passais l'aspirateur sur les précieux tapis du salon. J'essuyais la poussière d'un tas de petits meubles anciens qui ne servaient à rien. Ce salon, avec ses rideaux qui arrêtaient le soleil, il était sombre comme une cave. Au milieu, trônait un grand piano à queue dont personne ne savait jouer.

C'est là qu'elle vivait, calée dans un somptueux fauteuil. "Toi, c'est le bon Dieu qui t'envoie." C'est depuis que je me méfie du bon Dieu. Pour les corvées, il choisit toujours les mêmes.

Quand je terminais mes tâches, elle me donnait un bonbon fourré et me recommandait : "Ne te mets pas en retard. Cette pauvre Gladys t'attend. Ah ! Aujourd'hui, c'est le jour de *Marie-Claire*. N'oublie pas de me le rapporter." C'était une femme qui lisait beaucoup.

Cette vieille dame si distinguée m'impressionnait. Mais les grandes personnes ont plein de secrets honteux. Par Tonton Etienne, je savais qu'elle était la veuve d'un bijoutier célèbre. Son mari s'était suicidé après sa faillite. A cette époque, chez les riches, on se suicidait quand on n'avait plus de quoi. D'après Tonton Etienne, la Douairière aurait pu sauver son mari. Mais elle avait préféré garder ses biens et sa dame de compagnie plutôt que d'aller ramasser un mari tombé plus bas que terre. Les riches veuves distinguées, ce sont des femmes qui réfléchissent.

*

C'est la dispersion. Maman, jouant les courageuses, est transportée à l'hôpital Mustapha, à l'autre bout de la ville. Dany, décontracté, s'installe chez les Forlani. Je préfère qu'on soit séparés. Je ne peux plus m'approcher de mon frère sans voir l'œil de Caïn. Françoise, crispée, se rend avec deux valises chez Grand-mère. Et moi, avec mon costume du dimanche, je débarque chez les riches.

Le quartier de l'Université, je l'aime bien. Surtout pour la librairie où travaille ma cousine Cécile. Il y a toujours plein d'étudiants qui ont la chance d'apprendre le savoir. Le problème, c'est Tante Gladys. Si seulement je pouvais rapprocher ce qu'elle pense de ce qu'elle dit. Avec elle, il faut faire gaffe, même en dormant.

Les belles manières, je ne suis pas contre. D'abord, je n'aime pas qu'on me tape sur l'épaule. Mais si on perd son naturel, où on va ? C'est pas mieux de vivre comme on est ? Avec, en plus, la politesse et une chemise propre tous les jours ?

Tante Gladys, quand elle a épousé Tonton Etienne, c'était un jeune homme plein d'avenir. Je ne l'ai pas connu à cette époque. Quand même, en écoutant les grandes personnes, j'ai retenu que Tonton Etienne avait vécu une tragique histoire d'amour. Son amie, une Française de France, elle était venue à Alger comme professeur de philosophie. Un jour, va savoir pourquoi, elle a eu besoin d'une sage-femme. Le lendemain, elle était morte.

Tonton Etienne, il est devenu l'ombre de lui-même. Il s'est laissé marier à Tante Gladys, parce qu'elle était considérée comme un bon parti. Surtout que sa sœur aînée, c'est Mme Chiaffanis, de la compagnie du même nom.

C'est sans arrêt qu'elle lui reproche : “Regarde mon beau-frère, Adolphe Chiaffanis et regarde-toi.” A force à force, Tonton Etienne, il refuse de se voir. C'est au point que maintenant les autres aussi ne le voient plus.

J'arrive au moment où Tante Gladys est en train de crier : “Ton voyou de neveu, je n'en veux plus chez moi. Est-ce que tu te rends compte de l'exemple pour nos enfants ?” Je suis encore dans le vestibule et Zorah, la nouvelle bonne, me rassure :

— C'est toi Joé qui dois habiter ici ? Ne t'en fais pas. Madame, elle fait sa colère.

Quand Tante Gladys surgit dans la cuisine, je crois qu'elle va pour de bon m'arracher les yeux. Pas du tout. Elle m'embrasse et me dit :

— Tu verras comme tu seras bien. La chambre de bonne de ma pauvre Maman, je l'ai louée à un étudiant. Zorah t'a préparé un matelas de plage.

Tu pourras le gonfler comme tu voudras. Et nous t'avons acheté un sac de couchage. Tu verras comme c'est pratique. Tu le mettras sur la descente de lit, près du lit de César. Et le matin, tu pourras le ranger en une minute. Elle ajoute : C'est en dormant sur la dure qu'on devient un homme.

Je songe au lit moelleux de son fils César, de six mois mon aîné. Le pauvre, comment il va faire pour devenir un homme ?

César, il m'a vu arriver comme un intrus. Normal. Cet enflé, il ne pisse pas loin. C'est de la graine de rien. Obligé que mes poings me démangent. Mais je réfléchis aux conséquences. Quand même, il a un bon côté. Il achète plein de livres. Toujours reliés. Pour décorer sa chambre. Et il me laisse puiser dans ses trésors. Sous sa haute surveillance. A chaque fois :

— Fais gaffe. Si tu m'abîmes une couverture, tu me remplaces le livre.

Je ne réponds pas. A la longue, César, il va peut-être comprendre qu'un livre ça sert aussi à lire.

Jamais, ce peigne-cul, il ne répond à mon bonjour. Question gueule fermée, on fait pas mieux. A part quand Tonton Etienne est là, je suis dans un milieu empoisonné. Mais pour qui ils se prennent, ces cousins de mes couilles ?

Les deux sœurs, elles me font penser à la récitation des *Précieuses ridicules* d'un nommé Molière. L'aînée, c'est Suzy. Avantage sur César, elle répond à mon bonjour, mais comme une archiduchesse à son garde-chasse. Cette bêcheuse, si elle ouvrait la bouche à Bab-el-Oued, après on pourrait faire la quête. Lucie, la plus petite, c'est sa miniature. Tout réfléchi, ces soi-disant cousins, je compte faire avec.

## XI

Quand j'ai dit à Scotto et à Salviat que, cette fois, j'allais changer d'école, soufflés ils étaient. Alors, ils n'étaient plus rien pour moi ? Si ma Tante Gladys radinait pour le trolley, ils offraient de me payer l'abonnement : un mois Scotto, un mois Salviat. Les larmes, je les ai gardées pour moi. Je me sentais viré de ma vraie vie.

Dans l'école où j'ai atterri, je suis un moins que rien. Pour ces élèves, Bab-el-Oued, c'est Chicago. On ne s'approche pas beaucoup de moi. Des fois que je serais armé et que, brusquement, je sortirais un revolver pour les abattre. Je suis dans un monde d'enfants choyés. La vie, ils ne connaissent pas. Et même les maîtres de France, ils n'ont pas l'air heureux.

En calcul, ces élèves sont en avance sur nous. Et en plus, ce n'est pas le même livre d'arithmétique. Avec l'hôpital, les corvées pour Tante Gladys et l'effort pour comprendre leurs problèmes, je n'ai plus le temps d'aller à Bab-el-Oued. Le soir, Scotto, il me téléphone : "Maintenant, tu sais, c'est plus la même chose." Tante Gladys me prie de demander à Scotto de limiter ses appels.

Aux récréations, je regarde jouer ces constipés sans la moindre envie de me mêler à eux. Des enfants de riches, il y en a aussi à Bab-el-Oued. Mais ils vivent comme nous. A part qu'ils sont mieux habillés, y a pas de différence. Et ils sentent bien que c'est sans préjugé qu'on les accepte.

Qu'est-ce que je fais dans cette école d'enfants bien dressés ? Mes dimanches, il faut que je me les garde pour mon quartier. D'autant que c'est le jour où Maman reçoit des flopées de visites. Elle ne remarquera même pas mon absence.

J'ai atteint mes dix piges sans m'en apercevoir. Le lendemain, Françoise est montée chez Tante Gladys pour m'embrasser et me donner une boîte de caramels noirs : mes préférés. Elle m'annonce que Grand-mère prépare des gâteaux pour mon anniversaire mais que, pour pas faire des jaloux, elle enverra Djamilah les porter à Tante Gladys. Avec l'aide de Zorah, j'arriverai peut-être à les goûter.

A chaque repas, par ses regards et par sa façon de me servir, Tante Gladys me fait sentir combien il est nécessaire que je modère mon appétit : "Ce n'est pas bon de trop charger son estomac." Je dois faire gaffe et à ma façon de parler et à ma façon de manger. Avec elle, il faut châtier son appétit et son langage. Mais ça n'est pas le pire. Du pain, Zorah, elle m'en donne tant que j'en veux. Le plus dur, c'est d'entendre : "Elle en a de la chance, ta mère, d'être à l'hôpital. Toute la journée, servie, soignée. Et en plus, dans le service de son amoureux, le professeur Constantin. Des mois d'examens pour un bobo qu'aujourd'hui on peut guérir avec de la pénicilline." C'est moins que rien, cette femme. Mais si je casse la baraque, où je vais ? Obligé je garde le silence.

Mon refuge, c'est la librairie de Cécile. Son amie, la gérante, elle est tout étonnée de voir combien je suis gourmand de livres. Elle me laisse fureter autant que je veux dans cette caverne d'Ali Baba. Mais d'abord, je dois aller me laver les mains. Tous les livres ne sont pas terribles. Y en a même qui ne vont pas loin. Dans une vraie librairie, au moins, on peut comparer.

Chez Tante Gladys, impossible de faire mes devoirs du soir. Cette femme, elle me rend fou :

— Comment, tu restes là à rêvasser sur ton livre, alors que Zorah a besoin de poivrons ?

— Mais je suis revenu, il y a à peine cinq minutes, avec l'huile d'olive. César, il ne pourrait pas y aller ?

Elle me regarde outrée.

— César ? Mais il a ses études !

Nous avons les mêmes. Mais les miennes ne comptent pas. Ma soif d'apprendre est au-dessus de mes moyens.

*

Aujourd'hui à l'hôpital, on opère Maman. Obsédé je suis. Et si, comme Scotto, je n'avais plus de mère ? Plus de père, plus de mère. Mieux vaut ne pas y penser. Mais comment s'arrêter de penser ?

La récré du matin. Je réfléchis dans mon coin à ce qui se passe à l'hôpital Mustapha. A cette heure, Maman est déjà dans la salle d'opération.

Brusquement, un grand de la classe du certif il me lance un ballon. Je dois le renvoyer sur ma gauche. Dans ce quartier, les enfants jouent au ballon avec les mains. Sans marquer de but. Ils se passent la balle de l'un à l'autre, sagement. Pourtant la cour est plus grande que notre placette. De vraies gonzesses.

Je suis distrait. A deux reprises, je renvoie la balle trop fort. En ce moment, Maman, on lui coupe les poumons. Et dans cette heure dramatique, moi, je joue. Comme si de rien n'était.

J'essaie quand même de bien réceptionner, mais le cœur n'y est pas. Le grand me crie :

— C'est pas possible. Tu le fais exprès.

La balle tourne et il me la renvoie. A nouveau, je ne parviens pas à la saisir. Alors, le grand m'insulte :

— La putain de ta mère !

Je vais droit sur lui. Un genou dans les couilles et ma gauche sous le menton. Et comme je vois qu'il en veut encore, je fonce la tête la première et je rencontre son visage. Tout ça à une vitesse accélérée et selon la règle que le premier qui cogne frappe trois fois. Maboul, je suis devenu. Il a insulté ma mère entre la vie et la mort. Il aurait continué à manger des coups, mais de tous les côtés des bras m'arrêtent.

Le directeur horrifié vient vers moi :

— Voyou ! Voyou !

— C'est lui qui m'a cherché.

Il m'envoie une baffe qui m'étourdit et il dit aux maîtres :

— Transportez la victime à l'infirmerie et appelez une ambulance. Ah ! Il reprend connaissance. Ne t'en fais pas, mon petit, on s'occupe de toi.

Et tourné vers moi, menaçant :

— Toi, suis-moi.

Le tort n'est pas de mon côté. Ma mère il a insultée. Un jour comme aujourd'hui, la scoumoune obligé de la crever. Je suis docilement le directeur.

— Qu'est-ce qu'il t'a fait, ce pauvre Arnaud ?

— Il a insulté ma mère.

— Et toi, qu'est-ce que tu lui avais fait ?

— J'ai pas bien réceptionné le ballon.

— Je vois. Et qu'est-ce qu'il t'a dit ?

— La putain de ta mère !

— C'est tout ? Mais ce n'est pas une insulte. C'est un cri de révolte. M. Lopez, le concierge, depuis qu'il a perdu sa femme, il le dit cent fois par jour. "Putain de sa mère ! putain de sa mère !" Il faut voir cette expression comme une protestation contre la fatalité. Tu connais un peu la tragédie grecque ?

De quoi il cause ? La tragédie, ma mère est dedans jusqu'aux cheveux. Et il vient me parler des Grecs. C'est mieux ne pas répondre. Voilà un homme qui vit à Alger depuis des années et il n'a pas appris à faire la différence entre "la putain de ta mère" et "putain de sa mère". Les maîtres de France, ils auraient intérêt à apprendre à parler comme nous.

Il répond au téléphone :

— Oui, directement à l'hôpital. Au service des urgences. Quelle histoire ! Oui, accompagnez-le. Je vais avertir la famille. Pauvre petit !

Un de ma classe, il est entré et il a déposé mon cartable sur le bureau. Il est sorti sans me regarder. Le directeur griffonne une petite lettre.

— Bari, ici, on n'est pas à Bab-el-Oued. Alors, je te renvoie à ton école d'origine. Voici un mot pour M. Cazaubon, ton chef d'établissement. Je lui dis que tu es la victime d'un conflit de mentalités. Si les parents ne portent pas plainte, nous en resterons là. Sinon…

— M'sieu, aujourd'hui, c'est le jour où on opère ma mère. Et tout le monde, i'dit que c'est très grave. Alors, je vous avertis, si Arnaud nous a porté la scoumoune et que ma mère elle meurt, votre "petit", vous pouvez lui réserver une place au cimetière.

Il me regarde, pétrifié.

— Bari, je comprends ton émotion. Retourne dans ton école et tiens-toi tranquille. Je te promets que je ferai mon possible pour justifier cet écart. Ta Maman, on l'opère de quoi ?

— On lui coupe les poumons.

Il sursaute.

— Ah ! En effet, c'est sérieux. Va directement à Bab-el-Oued. Et n'oublie pas ton cartable. Dans une heure, je téléphonerai à ton chef d'établissement pour m'assurer que tu es bien arrivé. Tiens, voilà deux francs pour le trolley.

— Vos deux francs, vous pouvez vous les garder.

Il m'a rappelé :

— Bari, tu verras, elle s'en sortira ta Maman.

J'ai pas répondu. Et sa lettre pour M. Cazaubon, j'en ai fait une boule que j'ai jetée dans un égout. Je suis libre. Je peux aller à l'hôpital. Françoise et Dany ne viendront que demain. Je serai le premier à voir Maman.

J'arrive devant le grand portail de l'hôpital vers onze heures. Il fait chaud. C'est un temps à s'attarder dans la mer. Comment entrer ? Ce n'est pas encore l'heure des visites.

Soudain, je vois le portail s'ouvrir pour laisser passer une ambulance. Je cours et je m'assieds sur le marchepied, m'arc-boutant à la poignée pour ne pas tomber. La voiture fonce rapidement vers le bas de l'hôpital. Le concierge ne m'a pas vu. Les bâtiments défilent. Mais où on va comme ça ? Le pavillon F, il est déjà loin derrière nous.

L'ambulance ralentit enfin devant une grande porte : "Secours aux blessés". Purée ! C'est peut-être Arnaud. Et s'il meurt pour de bon ? J'y suis allé trop fort. Ces fils de riches, ils sont fragiles.

J'entre dans le vestibule. Derrière son comptoir, une infirmière me regarde.

— Pardon madame, l'ambulance a bien amené un élève de l'école Duguesclin ?

Elle me dévisage.

— Comment il s'appelle ?

— Arnaud.

— Arnaud comment ?

— Arnaud tout court.

— Ecoute, on vient d'amener un nommé Mohamed Mansour, huissier à la Banque de l'Algérie. Il a été renversé par un taxi. Il est mort.

— Et Arnaud ?

— Pas encore là.

J'ai de plus en plus chaud. Comment retrouver le pavillon F ? Cet hôpital, c'est une ville. Demander mon chemin c'est risquer de me faire repérer. Je dois marcher vers le haut.

Arrive une autre ambulance. Une sonnerie. Un costaud en blanc sort des "Secours aux blessés" et vient aider le chauffeur. Cette fois, c'est peut-être Arnaud. Le chauffeur revient et me demande :

— C'est ta grand-mère ?

— J'espère que non.

— Elle est morte. Remarque c'était de son âge. Comment veux-tu qu'une petite vieille, toute ratatinée, elle lutte contre un taxi ?

Encore un taxi ! Ils travaillent pour la morgue, ces chauffeurs. Je demande :

— Vous sortez par le haut ?

— Toujours.

— Vous pouvez me laisser au pavillon F ?

— Tu as quelqu'un là-bas ?

— Ma mère. Aujourd'hui, on lui coupe les poumons.

Il me contemple avec des yeux ronds comme des billes. Mais son regard redevient normal et il décide :

— Monte.

En chemin, il veut me rassurer :

— Des poumons, obligé ils lui en laissent un peu. Voilà, tu es arrivé. Je vais allumer un cierge pour ta madre.

Ce n'est pas par là que j'entre d'habitude. Je me faufile dans des couloirs avec plein de portes "Interdit au public". La salle d'opération, je l'ai repérée : elle est au premier étage. Chaque fois que j'entends un bruit de pas, je dégage la route. Et je me planque tantôt sous les bancs, tantôt dans les toilettes. Au premier étage, je reconnais la porte à double battant : "Silence. Accès interdit". Ma mère est là, j'en suis sûr. Pas même une mouche on entend voler. Je m'assieds sur un banc et j'attends. Tout ce que je veux, c'est la retrouver vivante et qu'on me dise qu'elle est sauvée.

L'attente creuse en moi une angoisse pas possible. Soudain quatre hommes en blanc sortent de la porte à double battant. Le grand, j'en suis sûr, c'est le professeur Constantin. Les autres ce sont ses apprentis.

Je m'approche.

— Bonjour monsieur le professeur.

— Mais d'où il sort ce gosse ?

— C'est ma mère que vous venez d'opérer. J'arrive plus à garder mes larmes.

— Tu es le fils aîné de Mme Bari ? Et ton petit frère, il va bien ?

— Oui.

— J'ai eu ta Maman dans mon service dans le temps. Des infirmières comme elle, il n'y en a plus beaucoup.

Je frémis. Il sourit.

— Attends un moment. Elle est dans la salle de décompression. Dans vingt jours, elle pourra quitter l'hôpital. Mais la convalescence sera longue. Ce n'est pas demain qu'elle reviendra à la maison.

Il me dévisage avec bienveillance. Comment obliger les grandes personnes à dire la vérité ? Il reste un moment immobile, comme s'il réfléchissait. Puis, il poursuit son chemin, suivi de ses apprentis qui me regardent comme une curiosité.

Un bruit de chariot. Des infirmières veulent me barrer la route. Sur le lit-brancard, Maman, très pâle, est ligotée, les yeux ouverts. Elle me sourit et murmure faiblement :

— Laissez-le-moi. C'est mon petit.

Une grande brune me dévisage.

— C'est toi Joé ? Ton père tout craché. Ta mère, c'est une amie d'enfance. Belle comme elle est, dire qu'elle aurait pu épouser un millionnaire...

Les infirmières poussent Maman vers une chambre particulière. Sur la table de nuit, je reconnais sa montre-bracelet. Maman est seule. Comme dans une clinique de riches. La grande brune me recommande de m'asseoir près d'elle sans faire de bruit. Elle me chuchote :

— Comment as-tu fait pour arriver jusqu'ici ?

Je garde le silence, puisqu'elle me l'a demandé. Maman s'est assoupie. Je suis sûr qu'elle va vivre. A tout hasard, je remercie le bon Dieu. Si des fois il existe, mieux vaut être poli.

Je me demande quand même pourquoi le professeur Constantin m'a parlé de Dany. Et pas de Françoise.

# XII

J'ai retrouvé mon école et tous les camarades dès le jour suivant. La joie de Scotto et de Salviat m'a fait plaisir. La vérité, sans amis, on meurt.

Le directeur, M. Cazaubon, il m'a dit :

— Alors ?

J'ai répondu :

— Et voilà !

Cet homme, il avait été si inquiet pour Maman que l'épisode de l'école Duguesclin, il m'en a même pas parlé. Mme Cazaubon, elle veut aller voir Maman à l'hôpital. Elles sont, comme qui dirait, des amies. "Pour les intraveineuses, Mme Bari, c'est du premier coup et sans faire mal. Et en plus, elle veut même pas se faire payer." Faut dire que Mme Cazaubon, elle donne des cours particuliers gratuits à Françoise. Mais tout ça, c'est pas calculé. Les Cazaubon, ils sont aussi généreux que les Forlani. Et pourtant, eux, ils vont pas à la messe. Le cœur, ça ne dépend pas de la religion.

La nouveauté, à l'école, c'est Briffat, un camarade toujours bien habillé mais trop maladroit pour jouer au football. De temps en temps, il monte sur son pupitre, baisse sa culotte et, complaisamment, il nous montre son cul. C'est un petit cul tout à fait normal, mais le maître, il ne supporte pas.

A part cette fantaisie, Briffat c'est un gentil. Jamais d'histoire avec personne. Cette manie, on ne sait pas comment ça lui a pris. Les parents convoqués ont traité le maître de menteur. Eh bien, après plusieurs avertissements, M. Cazaubon l'a renvoyé pour "attentat à la pudeur". Maintenant, le pauvre, il est chez les curés de Notre-Dame-d'Afrique. Là où mon père a enseigné le latin. Les curés, qui manquent de distractions, ils se plaignent pas.

La vérité, Briffat, il nous manque. Il mettait un peu de gaieté dans les leçons d'arithmétique. Salviat a été dur. Il nous a confié d'une voix plus que sourde :

— C'est mieux comme ça. A la longue, ça aurait mal fini.

Est-ce qu'il serait allé jusqu'à se farcir Briffat ? Et s'attirer des calamités ? Pourtant Salviat, il n'est pas privé. Il a Mme Arlette, l'épicière près de l'école. Bien sûr, elle ressemble à un manche à balai. Mais, pour commencer, une demoiselle expérimentée, je trouve que c'est bien.

Je vais tous les jours à pied de la rue de l'Université à Bab-el-Oued. Une heure le matin, à l'aller et encore plus le soir, au retour. Les vitrines éclairées, obligé qu'on les regarde. Tante Gladys a interdit à Tonton Etienne de me payer l'abonnement au trolley. "C'est sa punition." Si elle savait ! Me promener dans ma ville, c'est un bonheur. Tonton Etienne m'a assuré qu'il n'avait pas dit son dernier mot. Et il soupire : "Ah ! Si elle ne m'avait pas fait trois enfants !" En attendant, je marche et j'en casse pas une. Ce temps des allers et des retours, il est à moi, rien qu'à moi.

Tante Gladys, partout, elle raconte que c'est un miracle si le petit Arnaud est encore vivant. "Ton neveu, c'est un danger public. S'il approche à moins d'un mètre de l'un de nos enfants, je le fais enfermer dans une maison de correction. Avec les relations d'Adolphe, ce sera vite fait." Elle téléphone tous les jours à la famille pour prendre des nouvelles du "pauvre petit". A part cinq points de suture à la joue gauche, Arnaud va bien et il est depuis longtemps retourné à l'école. Sa cicatrice, ils vont la faire disparaître avec de la neige carbonique. Et l'assurance paiera. Zorah m'a confié que les parents d'Arnaud, des professeurs de l'université, ils en avaient ras le bol des coups de téléphone de Tante Gladys. Cette femme, elle a des idées fixes.

La franche vérité, pour revenir dans mon quartier, cogner sur Arnaud ça valait la peine. Mais j'y suis allé trop fort. Quand la rabia vous prend, on ne peut plus s'arrêter. Ces enfants de savants, ils ne se rendent pas compte que les mots sont des flèches empoisonnées. Ce sont pas des choses qu'on apprend dans les livres. L'alun de Mme Mesguish, ça les ferait sourire. Et pourtant, des milliers de lettres de remerciements elle reçoit. Nous, on sait que pour éloigner le mal il faut faire pisser le sang. A savoir ce qui se serait passé à l'hôpital si Arnaud n'avait pas saigné.

*

A midi, je déjeune parfois chez Scotto, parfois chez Mme Paula. Scotto, insatiable, me demande la suite des aventures du Justicier. A force à force, je commence à mêler ma propre histoire. Au Justicier, il ne faut pas qu'on lui touche sa mère. Sa vengeance est terrible. Le père de Scotto m'écoute avec une indulgence amusée.

Chez Mme Paula, c'est autre chose. A chaque fois, j'ai droit à : "Tu sais, mon fils, j'ai toujours les ceintures sur le ventre." Le plus terrible, c'est que ça s'aggrave. Si Hamid la voyait ! Elle a une bedaine sur le point d'accoucher d'urgence.

Pour la cuisine, le père de Scotto et le mari de Mme Paula, ils ne sont pas doués. Chez eux, on passe des raviolis aux macaronis sauce en boîte. Et des pommes de terre bouillies-merguez aux spaghettis-merguez. Ils s'y prennent toujours au dernier moment. Il faut du temps pour préparer un bon plat. La vérité, même si c'est parcimonieux, chez Tante Gladys c'est bien meilleur.

Total, le plus souvent, je descends à la mer. C'est pas la saison et les plages sont désertes. Le soleil tape aussi fort qu'en juillet, mais Scotto et Salviat trouvent que l'eau est froide. C'est vrai, mais seulement en entrant. Dès que je commence à nager, l'eau glacée, elle me brûle le corps.

Personne pour me garder le linge. Le vieil Ahmed, en novembre, il disparaît. Plus assez de clients. Je nage le regard rivé sur mon petit tas de vêtements. Quand je suis derrière une vague, je panique. Si on me vole mes affaires, en slip je reviens à l'école. Des fois, dans la griserie salée, je veux oublier mon linge. Le rocher-phare des vrais nageurs, il est bien avant l'horizon. Tellement il est petit qu'on dirait qu'il est loin. L'aller-retour, avec le repos sur le rocher pour reprendre une respiration, ça prend quand même un bon moment.

Quand l'heure de l'école approche, je me roule dans le sable et, bien réchauffé, je mange mon petit pain au chocolat. A la plage, j'ai du temps à moi et je réfléchis en regardant le vol soupçonneux des mouettes.

Ils ont transféré Maman dans une maison de repos à Birmandreis, sur le plateau qui redescend vers la plaine de la Mitidja. C'est loin.

Les autobus pour Blida passent par Birmandreis. Mais la Compagnie, elle fait payer place entière aux enfants de dix ans. Avec des abus comme ça, ces exploiteurs du peuple, ils nous pourrissent le cœur.

Où trouver de quoi aller voir Maman ? Et lui apporter les choses qu'elle aime ? Des jours et des jours que je ne l'ai pas vue.

Dimanche dernier, le docteur Forlani et son épouse, ils ont emmené Dany à Birmandreis. En passant, ils ont pris Grand-mère et Françoise. Il n'y avait plus de place pour moi. "Joé trouvera bien un autre moyen. C'est un débrouillard." Eh bien le débrouillard, il est en panne.

Par ma sœur, j'ai quand même des nouvelles fraîches. Elle m'a téléphoné, le soir, pour m'assurer que Maman va mieux et qu'elle m'embrasse fort. A Françoise elle a confié que les nuits sont froides et qu'elle comptait sur moi pour lui apporter un peignoir bien chaud.

Le lendemain, je propose à Mme Paula de faire une tournée avec les ceintures. Depuis le temps qu'elle attendait ça ! Pas une seule elle a vendu au marché. Elle m'a embrassé chaleureusement : “Tu vas voir, tu vas faire un malheur.”

Il pleut. Le temps de passer prendre les ceintures et la nuit est tombée. A Alger, la pluie est comme une injure. Comment voulez-vous vendre des ceintures à des gens qui se sentent insultés ? Ici, il nous faut du ciel bleu, même la nuit.

J'ai quand même essayé. Je dois en brader au moins trois pour payer mon billet d'autobus. Pour le peignoir, obligé que j'emprunte. Mais à qui ? Je dois déjà des sous à tout le monde. L'estime des amis je risque de perdre.

J'ai visité une dizaine de bars sans succès. Je décide de foncer chez Riri. Le patron est triste. Cette pluie décourage ses clients. Et les téméraires, au lieu de se taper des anisettes et de manger des calmars, ils regardent une éblouissante exhibition de billard du neveu de *Chez Jules*. Les trois boules sont si éloignées les unes des autres que les paris fusent. Le “book” les prend gagnants à dix contre un. Je m'approche :

— Je mise cinq francs.

— Aboule ton fric.

— Regarde, j'ai soixante francs de marchandise.

— OK. Je te prends.

Le neveu de *Chez Jules* n'a pas réussi. Le “book” me demande son argent.

— Ou tu attends quelques jours ou je te paie avec une ceinture.

Il a hésité, puis il a méticuleusement choisi la plus belle. Des cris enthousiastes. Cette fois, le neveu de *Chez Jules* a réussi un coup superbe. Trop tard pour moi. Je marque dommage.

*

Le fric, Maman n'a jamais cherché à savoir comment je le gagne. J'aurais pu me perdre comme Roland Koby, un ancien camarade de classe. Je me demande si elle s'en serait aperçue.

Roland, il descendait le soir au port pour se défendre avec des marins. Depuis qu'il faisait le coulot, il évitait le quartier. Gagner de l'argent comme ça, chez nous, c'est impardonnable. Pour toute l'école, ce pauvre Roland était devenu pire qu'un galeux.

Roland, lui non plus, il n'a pas eu de père. Sa mère vit avec un Crétois qui vend des tissus sur les marchés. M. Moralès qui, franchement, n'est pas une mauvaise langue, affirme que c'est le Crétois qui obligeait Roland à se vendre. Et qu'il passait sans se gêner de la mère au fils. Roland, je le voyais mal barré. Quand je le rencontrais, hagard, portant sa honte sur la figure, je n'osais même plus lui dire bonjour.

Dans le quartier, les enculeries sont discrètes. J'en connais un qui se le fait mettre le soir dans l'ancienne gare. Il aime ça, mais il se ferait tuer plutôt que de l'avouer. C'est Salviat qui nous a confié le secret. J'en ai déduit qu'il y allait de temps en temps.

Lundi dernier, en arrivant à l'école, j'ai été surpris de voir M. Cazaubon habillé en noir. Il a attendu que nous soyons tous assis, a réclamé le silence, puis d'une voix cassée, il a parlé :

— Vous savez déjà que votre camarade, Roland Koby, s'est tué vendredi en se jetant de la terrasse de son immeuble.

Habitant loin du quartier, je ne savais rien. Je me suis senti poignardé par un remords. M. Cazaubon cherchait ses mots :

— Ce matin, j'ai trouvé dans mon courrier une lettre de Roland. Il m'explique les raisons de son suicide. Une petite phrase a retenu mon attention : "Pour moi, il est plus facile de partir que de rester."

Mes enfants, il faut atteindre le fond du désespoir pour écrire cela. Certains d'entre vous l'ont méprisé sans savoir que Roland agissait sous la menace. Je vous demande de vous lever et d'observer une minute de silence en sa mémoire.

Nous nous sommes tous levés, assommés par ce que nous venions d'entendre. Quand même, dans la classe, il s'est trouvé deux ou trois grands qui pouffaient de rire.

*

Dehors la pluie redouble. L'horloge des Trois-Avenues marque huit heures. Il est tard. Chez Tante Gladys, si loin d'ici, le dîner se termine. J'ai froid. J'ai faim. Un crabe me griffe la poitrine. Quoi faire ? Une âpre indifférence me paralyse. Mais je dois réagir. Je décide d'aller dormir chez Mme Paula.

— Tu en as vendu une. Eh bien, c'est un commencement. Avec ce temps, tu as du mérite. A crédit ? Tu le connais, au moins ? Ah, si c'est un facteur, il paiera. Sinon, j'irai lui faire un scandale à la poste.

J'ai inventé un facteur, parce qu'un fonctionnaire en uniforme ça fait sérieux. Pour l'heure, je voudrais manger et dormir.

— Madame Paula, je peux dormir chez vous ?

— Bien sûr, mon fils.

— Je peux téléphoner pour avertir ?

— Vas-y, mais dépêche. Je te mets des spaghettis à cuire. Dix minutes et tu les passes. Le fromage râpé, il est dans la glacière. Nous, on va au cinéma.

Au téléphone, Tante Gladys m'a écouté en silence. Puis elle a raccroché sans un mot, elle si bavarde.

Je mange trois bouchées de pâtes et tout le fromage râpé. Et je me dirige vers la salle de bains pour prendre une douche.

Mme Paula, elle a peur de l'obscurité. Elle laisse tout son appartement éclairé. Je regarde sa chambre à coucher douillette. Sur le lit, des coussins de toutes les couleurs. Et une grande poupée espagnole qui me sourit.

L'armoire. Je ne peux plus la quitter des yeux. C'est là que Mme Paula met sa recette de la matinée. Je m'approche. La porte grince comme un chat blessé. Je trouve facilement la grosse trousse marron : entre deux draps. En ouvrant la pochette de cuir, je suis ébloui. Des pièces de monnaie, mais surtout plein de billets de cent francs et de cinquante francs. Elle se défend bien, Mme Paula. Pourquoi toujours elle pleure ?

Avec un seul billet de cinquante francs, je pourrai acheter à Maman un peignoir de laine et me payer l'autobus pour Birmandreis. Cinquante francs, c'est rien pour Mme Paula. Et je lui rendrai le double. Promis. Dans la vie, on est obligé des fois.

J'hésite encore. Piquer un vieux bouquin, c'est une chose juste quand on a besoin de lire comme de manger. Mais prendre son argent à une femme qui se lève tous les jours à cinq heures du matin, c'est presque un vol.

La vérité, j'ai du mal à garder ce billet. Il me brûle la main. Surtout qu'elle tient bien ses comptes, Mme Paula. Et son mari vérifie. Il ne sait pas causer français, mais il sait compter l'argent. On peut se tromper dans les comptes, mais de dix francs, de cent francs. Pas de cinquante. Les additions, c'est par dizaine.

Je prends un billet de cent francs. Mon cœur bat plus fort qu'après un cent mètres. Je le sens sauter, rapide comme un reproche.

Dans la petite chambre du fond, Mme Paula a déposé sur le lit un pyjama de son mari. En longueur, il y en a pour deux. J'ai sommeil. Je mets le billet dans ma chaussure.

Un jour, quand je lui rendrai deux billets de cent francs, je lui dirai la franche vérité. Elle sait bien que je suis réglo. Victor Hugo l'a écrit : "Nécessité fait loi." Elle comprendra. Surtout avec un pareil bénéfice. Epuisé je suis et je n'arrive pas à m'endormir. Pourtant, ce lit est plus agréable que le matelas de plage de Tante Gladys. Alors, pourquoi le sommeil il ne vient pas ?

Je me réveille en sursaut. Je viens d'échapper à des milliers de yaouleds qui scandaient : "Libérez Pinto ! Libérez Pinto !" Le pire, Scotto est passé près de moi sans même me regarder. Alors on n'est plus amis ? J'ai mal au cœur. Le fromage râpé ne passe pas. Il était rance. Je vais aller remettre le billet de cent francs dans la pochette marron. J'essaierai de vendre des ceintures dans les cafés d'étudiants, dans le quartier de l'Université.

Je me lève et je retire le billet de la chaussure. Dans leur chambre à coucher, une lumière jaunâtre éclaire faiblement le lit. Plus de coussins. Je vois deux formes allongées et, entre elles, la poupée espagnole, implacablement souriante. Il y a un réveille-matin sur la table basse près de Mme Paula. Deux heures dix. Il faut dormir. A neuf heures, j'ai une compo. Le billet, je le glisserai demain entre les draps à la place de la pochette.

Dans le lit, des petites bêtes s'infiltrent en moi. Elles vont et viennent, me déchirant sournoisement le ventre. Si je pouvais me rendormir…

Qu'est-ce que j'ai fait du billet de cent francs ? Je me lève. Rien dans les chaussures. Je fouille dans les poches de la longue veste de pyjama. Je respire. Le billet est là, sur mon genou. Demain après leur départ. Demain, demain…

Je ne reconnais pas toutes ces ruelles. Je vais d'un escalier qui descend à un escalier qui monte. C'est pas possible. Y a sûrement une issue. C'est au moins la dixième fois que je passe par là. Des femmes arabes, voilées, me regardent soupçonneuses. Ça y est : j'en suis sorti.

Il pleut sur Bab-el-Oued. Tous les bars sont fermés. Je rentre chez Jules. Cary Grant m'attend et pointe sa queue de billard dans ma direction. Je lève les mains. Il m'annonce en roulant les mécaniques : "Tu seras pendu demain matin à l'aube." Je baisse la tête. C'est mieux comme ça.

Mais qui va apporter son peignoir bien chaud à Maman ? Une sonnerie stridente. C'est le réveil de Mme Paula qui me sauve de la pendaison. C'est encore la nuit. Elle ne le vole pas, son pain, cette femme.

Je me rendors quand je sens soudain mon lit s'affaisser. Mme Paula est assise près de moi. Elle tend la main :

— Rends-moi les cent francs.

La honte, elle me monte à la figure.

— J'allais les remettre dans l'armoire. Je vous le jure sur la tête de ma mère.

Elle a un regard mauvais.

— Va-t'en et oublie-moi. Sinon, ton deuil tu vas porter.

Troisième partie

# LE SOLEIL DANS LES YEUX

## XIII

A de vrai, c'est dans la grosse voiture de Mme Chiaffanis que je vais à Birmandreis. Le chauffeur, un Arabe à la mine réjouie, demande si on passe d'abord par le Château.

— Non, commande Tante Gladys. D'abord la Maman de M. Joé.

Cette soudaine délicatesse ! Encore un peu, je pleure. Suzy, la bêcheuse, proteste :

— Moi, je ne veux pas aller dans un hôpital. Je veux voir Nono.

— Tu le verras dans une heure. Nous sommes attendus pour le thé.

Ce n'est pas pour rendre visite à Maman que la voiture de sa milliardaire de sœur est venue nous chercher. Faut pas confondre. Vêtus comme pour un mariage, Tante Gladys et ses trois enfants se rendent au Château, avec un léger détour par la maison de repos. Son neveu, Nono, veut me connaître. On ne discute jamais les désirs des Chiaffanis. A partir de là, obligé de me faire la faveur d'aller embrasser ma mère. Et comme elle me prend pour un con, elle chichite :

— La Maman de Joé avant tout. Une mère, on n'en a qu'une. Et personne ne peut remplacer une mère. Ça fait combien de temps que tu n'as pas vu ta Maman ?

— Des semaines.

— Déjà ? Eh bien, tu diras merci à Nono.

Et en plus, faut dire merci. Elle susurre :

— Après tout, tu es le cousin de César et César est le cousin de Nono.

Total, le cousin de mon cousin est mon cousin. Mais les fils à Papa, je peux pas les blairer. Ils naissent tout habillés et ils croient que le monde leur appartient. Mais y a pire : les fils à Maman sans un rond qui se prennent pour des fils à Papa millionnaire. Exemple, César. Çui-là, avec ses airs de bon à rien fatigué, il me donne de l'urticaire.

Depuis le temps qu'ils me cassent les oreilles avec "le Château", je pourrai comparer. Des châteaux, j'en ai vu plein dans les livres de l'école. Pour moi, les plus beaux, ce sont les forteresses du Moyen Age, avec leurs ponts-levis qui montent et qui descendent. Mais, j'aime aussi les châteaux de la Loire. La bêcheuse affirme : "Comme le nôtre, même en France il n'y en a pas." Et César renchérit : "Ça ne peut pas se comparer."

Mieux qu'en France, c'est pas possible. Même les Américains, ils n'ont pas le moindre petit château de la Loire. J'attends de voir. Mes cousins, ils sont si loin de moi que jamais j'ai pu partager avec eux une vérité vraie. Et maintenant, je vais connaître un cousin qui doit être pire.

Dans la voiture, la chaleur qu'il fait ! Dans mes bras, le paquet avec le peignoir de laine pour Maman. Des semaines qu'elle transpire le jour et qu'elle grelotte la nuit. C'est Tonton Etienne qui a eu le geste : "Pourquoi tu ne me l'as pas dit plus tôt ?" S'il savait combien c'est difficile de demander.

Par bonheur, je suis à côté du chauffeur. Au moins, avec Boudjali, on peut parler. Cet Arabe, il sourit toujours. La vérité, c'est un cas.

La maison de repos s'appelle "Les Glycines". C'est une grande bâtisse blanche entourée d'orangers. C'est loin de tout, mais le juste c'est le juste : ce paysage, il vous met la paix dans le cœur. Et en plus, un vent léger parfume la colline. Des femmes en blanc nous accueillent avec déférence. La grosse voiture de Mme Chiaffanis doit les impressionner.

Toujours souriante et digne, Maman a remercié Tante Gladys pour sa visite et pour ses oranges. Elle en avait déjà une corbeille pleine qui venait directement du jardin. Mais c'est l'intention qui compte.

Elle m'a serré très fort dans ses bras et elle a embrassé mes cousins pétrifiés de peur. Leur mère leur avait dit dans la voiture : "Nous allons dans une maison pleine de microbes."

Tante Gladys s'est exclamée :

— C'est superbe ici. Et quel calme ! Comment vous êtes-vous débrouillée pour avoir une chambre particulière ? Les enfants, allez vous promener avec Joé dans le jardin.

Pas assez qu'elle minute ma visite. En plus, il faut accompagner mes cousins qui fuient les méchants microbes. César et la plus petite vont cueillir des oranges. Pourquoi se gêner ?

Suzy vient vers moi :

— Je vais te dire un secret. Mon cousin Nono, c'est mon fiancé. Attention ! Il me respecte. Tout il me fait. Mais seulement avec le doigt. Tu vas voir : c'est quelqu'un. Il parle l'anglais, l'arabe, l'espagnol. Il a douze chevaux, trois professeurs, une gouvernante et des tas de domestiques.

Je lui ai demandé :

— Quel âge a-t-il ?

— Plus de douze ans. Tu sais, quand il m'embrasse, plus heureuse que moi tu ne trouves pas.

Tante Gladys vient vers nous :

— Les enfants, allez dans la voiture. Joé, va dire au revoir à ta mère.

Maman, assise sur son lit, attend. Elle s'étonne :

— Tu pars déjà ?

A la muette, je lui explique que j'ai perdu ma liberté : mes deux mains croisées, comme prises dans des menottes, lui résument la situation. Des petites larmes descendent de ses yeux. Je lui promets :

— Je reviendrai te voir très bientôt.

— Et les cravates, ça marche ?

— Je me défends. Mais je n'ai plus beaucoup de temps.

— Il est bien, le peignoir. Chaud et tout. Mais je l'aurais préféré bleu. Ce qui me manque pour le soir, ce sont des pantoufles fourrées. Et un litre d'eau de lavande. Tu connais ma marque. Tâche moyen de m'apporter tout ça dimanche. Ah ! Je n'ai plus un sou. Tu sais comment c'est avec les femmes de service. Si tu ne leur glisses pas la pièce, elles ne te regardent même pas. Tu n'as rien sur toi ?

J'ai dix francs, sur lesquels je comptais pour me payer le bus dimanche. Elle s'en empare tout naturellement. Elle est tellement persuadée que je saurai vite les remplacer. Elle me souffle :

— Avec dix francs, je ne vais pas aller bien loin.

Moi, je serais arrivé jusqu'ici. Comme d'habitude, elle ne cherche pas à savoir où j'en suis. Je demande :

— La nourriture, c'est bon ?

— Des fois. Ah ! Les pantoufles, du trente-huit fort. Et n'oublie pas ma lavande.

J'oublierai pas. Les mamours, c'est pour Françoise et Dany, les exigences, c'est pour moi. Je ne sais pas comment, mais je vais tâcher moyen de tout lui apporter.

Pas même une heure que nous sommes là et Tante Gladys qui revient et minaude :

— Pardonnez-moi, chère amie, mais nous sommes attendus chez les Chiaffanis. Figurez-vous que mon neveu Nono veut absolument connaître Joé. Je me demande ce qu'Etienne a inventé pour éveiller sa curiosité.

## XIV

Le Château est sur une autre route. Après un virage en fer à cheval, Tante Gladys annonce fièrement :

— La propriété commence ici.

Ça n'en finit pas : des arbres fruitiers, des vignobles. Et dans les champs, des vaches comme je n'en ai vu qu'au cinéma. Les laitières de la mère à Salviat, ce sont des brebis à côté.

— Regarde : on aperçoit le Château.

Une large allée bordée de hauts platanes conduit au bâtiment. Si j'étais pas assis, je tomberais sur le cul. C'est ça leur château ? Ça ressemble plutôt à une caserne. C'est massif et, avec le donjon rajouté, ça fait pas vrai. Et le pont-levis ? Et les fossés pleins d'eau ? Et les créneaux ? La vérité, je préfère la demeure mauresque de notre propriétaire. Elle est plus petite, mais elle parle au cœur. Ici, c'est seulement gigantesque, avec un perron comme on n'en voit que dans les films américains.

Un bouddha s'avance vers nous en souriant :

— Bonjour Tata. Bonjour, les mioches.

Il me fouille du regard.

— C'est toi, Joé ? Heureux de t'accueillir. Allez, viens. Nous allons faire connaissance. Tu aimes les chevaux, j'espère ?

— Oh oui ! Mais j'y connais pas grand-chose.

— Eh bien, je vais faire ton éducation.

Sur le perron, une dame distinguée embrasse toute la famille et me regarde avec une curiosité amusée. C'est, sans doute, la Maman de Nono.

— Viens m'embrasser, sauvage. Tu sais que je t'ai connu bébé ?

Elle m'embrasse de bon cœur. Dommage qu'on se soit perdus de vue. Cette femme, je la respire avec délice. Elle a le fric parfumé.

Suzy nous regarde partir, dépitée. Et sa partie de cousin-cousine alors ?

J'évalue : Nono pèse au moins cent kilos. Il balade si gaillardement son gros ventre que j'ai de la peine à le suivre.

— Alors, ton père s'est tiré. Une autre femme, hein ?

K.-O. je reste. D'après ce plein de lard, le Calabrais, il en aurait trouvé une autre mieux que ma mère. Il est gonflé, Nono. Et pas seulement physiquement. Encore un peu, je lui tombe dessus. Mais la vérité, les gros, ils m'ont toujours fait peur. Belle comme elle est, pourquoi Maman a choisi un immigré catholique pour gâcher sa vie ?

J'essaie de ne pas faire cas des insinuations à la con de ce cousin de mes deux. Mais ça me travaille. Mon père, c'est un sujet que d'habitude on évite. D'abord, il n'est pas juif. Bien sûr, comme dit Grand-mère, faut pas être raciste. Le plus grave, c'est qu'il a planté trois enfants en bas âge et qu'il ne s'occupe pas de savoir comment nous poussons.

Dans une écurie, propre comme les vestiaires du stade Saint-Eugène, Nono me montre trois chevaux.

— Admire les crinières. Le grand, c'est Saint-Georges. Il n'accepte personne d'autre que moi. Les deux autres sont des juments : Pierrette et Paquita. Paquita est la mère de Pierrette. Et Saint-Georges son père.

— Et les autres chevaux ?

Il me regarde interloqué :

— Ça ne te suffit pas ?

— Suzy m'a dit que tu en avais douze.

— Quand Suzy te parle chiffres, tu peux diviser par quatre. Tu sais combien il me faut d'hommes pour les soigner ?

Heureux chevaux ! Tout ce monde pour les servir. Nono me lance, abrupt :

— Tu veux monter ?

— Où ?

Il est parti dans un tel fou rire que j'ai fini par comprendre. Il m'invite à chevaucher l'un de ses coursiers.

— Paquita est dressée pour le manège. Tu ne risques rien.

Il crie :

— Farhid ! Tu selles Paquita pour mon cousin. Tu l'aides à monter et tu fais gaffe. S'il tombe, tu connais le tarif.

Farhid s'amène.

— T'en fais pas, monsieur Nono. Paquita, c'est du miel.

Il place un tabouret devant la jument.

— Tu peux monter, m'sieu. Faut pas attendre. Si tu as peur d'elle, elle aura peur de toi.

Paquita commence sagement, au pas. Je suis tout étonné de me retrouver très à l'aise. En quelques secondes, ma frousse s'est transformée en un intense plaisir. Farhid me tend les lanières.

— Maintenant, avec les rênes, c'est toi qui commandes. Une dans chaque main. Ne tire pas. Tu tiens, c'est tout. Paquita, elle va t'emmener tranquillement au Château.

Nono est sur Saint-Georges, caracolant. Il me propose :

— Quand tu me feras signe, on passera au petit trot.

Téméraire mais quand même prudent, je ne lui ai fait signe qu'à quelques pas du perron. Paquita et moi, c'est sûr, nous sommes faits l'un pour l'autre. Mais il ne faut rien brusquer. Le Far West, ce sera pour plus tard. Comment descendre ? Farhid, qui a prévu le coup, m'attend à l'arrivée.

— Laisse-toi glisser, m'sieu.

Et comme Paquita s'impatiente, j'atterris dans les bras musclés de Farhid. Généreux, il déclare :

— On dirait jamais que c'est la première fois.

J'ai droit aux félicitations de Mme Chiaffanis qui en profite pour m'embrasser encore. Cette femme, elle est en retard d'un fils. Mais ce qu'elle sent bon ! Et vas-y les sucreries :

— Qu'il est beau ce petit ! Laisse-moi te regarder. Tu sais que tu ressembles à ton père ? C'est dans cette cour que le général de Gaulle l'a décoré de la Légion d'honneur. Lui et deux autres héros du débarquement allié... Elle a un petit sourire, je dirais narquois. Nous avons offert une réception à tout l'état-major. M. Chiaffanis aussi est officier de la Légion d'honneur. Mais au titre du commerce extérieur.

Je suis dans un autre monde. Cette sympathie que me balance la Maman de Nono, forcé qu'elle étonne Tante Gladys. Son visage prend une couleur de couscous de la veille. J'entends les cris joyeux de mes cousins. Mme Chiaffanis me propose :

— Les enfants sont dans la piscine. Tu veux les rejoindre ou boire un chocolat au lait ?

Pourquoi pas les deux ? Mais c'est Nono qui tranche :

— On boit le chocolat et on monte chez moi.

Qui c'est qui lui résiste ? Je lui ai quand même demandé :

— Tu n'aimes pas nager ?

— Si, mais quand je suis seul. Sinon, la piscine déborde.

Et content de sa plaisanterie, il part dans un nouveau fou rire.

L'appartement de Nono est situé au troisième étage. On y monte par un ascenseur tout neuf. Son salon et son bureau sont remplis de meubles anciens. Dans sa chambre à coucher, un immense lit en bois sombre est enfoncé dans une alcôve. Nono m'entraîne vers une fenêtre.

— C'est la plus belle vue du château. D'ici, je peux surveiller toute la propriété.

Comme je m'étonne, il me sort une grosse paire de jumelles.

— Tiens, essaie. Sur la droite, notre laiterie modèle. Vingt mille litres par jour. A l'occasion, je te la ferai visiter. Nous sommes en société avec un Arabe. Désormais, faut être prudent.

Du vert à l'infini. J'admire poliment. Ce qui manquera toujours à la campagne, c'est la mer. Et c'est pas une piscine qui peut remplacer la courbe magique de l'horizon.

Je me sens continuellement observé.

— C'est vrai tout ce que raconte Tonton Etienne sur toi ?

A savoir ce qu'il a dit. Obligé que j'approuve.

— Tonton Etienne dit toujours la vérité.

Et revoilà Bouddha parti dans son fou rire. J'attends patiemment qu'il s'arrête. Il hoquette une dernière fois avant de déclarer :

— Surtout, ne le prends pas pour modèle. J'aime beaucoup Tonton Etienne mais, entre nous, c'est un bourricot. Quand on est le beau-frère de la Compagnie Chiaffanis, on s'en met plein les poches. Toi, par exemple, forcé que tu arrives.

— Où ?

— Ne fais pas le con. Tonton Etienne dit que c'est toi qui nourris ta famille.

— Obligé.

— Comment fais-tu ?

— Je travaille.

— Et l'école ?

— Ça peut aller.

— Et qu'est-ce que tu fais pour gagner ta vie ?

J'ai pas envie de déballer mes emmerdes. Je dis seulement :

— Des fois une chose, des fois une autre.

— Tonton Etienne dit que tu sais vendre.

— Ça dépend de la marchandise.

Il s'esclaffe.

— Mais tout est là, mon grand. Flairer ce qui va se vendre. Et attendre la demande. Si tu es le seul à posséder ce lit Empire, tu peux en demander ce que tu veux. Qu'est-ce que tu souhaites faire plus tard ?

J'hésite. Ça fait pas une heure qu'on se connaît.

— J'aimerais devenir journaliste-débutant à *l'Echo d'Alger.*

Visiblement, Tonton Etienne le lui avait déjà dit.

— Génial ! Ecoute, un jour, j'aurai besoin de toi. Papa me donne le feu vert pour créer mon entreprise de presse. Il m'aidera à réunir les capitaux. Paris, Londres et New York. Dans cinq ans, je lance mon premier hebdo. Toute l'actualité en bandes dessinées. Silence, hein ! Cette idée, elle vaut de l'or. On l'a déposée partout. Malheureusement, une idée, on peut toujours la récupérer et te la piquer.

— Et Alger ?

— Tu rigoles. L'Algérie française a son avenir derrière elle. Avec les polichinelles qui gouvernent la France, pas d'espoir. Je te conseille d'apprendre l'anglais. Tiens ! Après ton certificat d'études, je t'enverrai passer l'été au Texas. Tu auras chaud, mais près de notre ranch, il y a un cours intensif d'anglais-américain. En dix semaines, tu te débrouilleras comme un chef.

— Le Texas, mais c'est loin d'Alger !

— T'occupe. A l'aéroport, on te confie à une hôtesse de l'air. A Orly, tu es accueilli par une autre hôtesse. Comme ça, jusqu'à Houston. A l'arrivée, John te conduit direct à King School.

C'est comme quand la mer est trop forte. Je me sens porté par des vagues qui me projettent trop haut. Bouddha m'encourage :

— Un jour, quand tu nous rejoindras, tu choisiras toi-même ta rubrique. Tu sais, Joé, j'aime quand tu souris.

A quoi il joue ? Et qu'est-ce qu'il veut au juste, avec ses boniments ? C'est pas de l'arnaque tout ça ? Il va vraiment m'ouvrir les portes de journaliste-débutant ? Et encore mieux qu'à *l'Echo d'Alger* ? A savoir... Peut-être que le bon Dieu existe pour de bon. Et qu'il va enfin s'occuper de nous. Je me laisse porter par la vague. Mais je ne peux pas laisser tomber Scotto.

— Pour les bandes dessinées, j'ai un ami, c'est un as. Moi, je raconte et lui, il donne une tête à mes personnages.

Nono est prudent.

— Il saurait faire la tronche de Staline ?

— En trente secondes.

— Et celle de De Gaulle ?

— Plus vite encore.

— Tu comprends, l'actualité ça n'attend pas. Comment il s'appelle, ton ami ?

— Scotto.

— Je le verrai… Papa dit toujours qu'il faut savoir s'entourer. Il me cédera Fassina. Tu le connais ? C'est un grand, très myope, mais docteur en droit. En ce moment, Papa lui apprend à se servir des lois. Obligé, sinon l'Etat te nique les bénéfices.

Je demande, inquiet :

— A Houston, y a la mer ?

— L'Atlantique est à une heure par l'autoroute. John te conduira tous les dimanches à Galveston. Et en semaine, tu nageras tous les soirs dans une piscine olympique.

— Seulement le soir ?

— Le matin, si tu te lèves tôt. Dans la journée, tu auras dix heures d'anglais.

— Mais je vais démarrer à zéro.

Il me regarde en riant.

— Pas vraiment. Si tu le veux, nous ferons de l'anglais ensemble. Du pratique, hein. De quoi te démerder en arrivant. Ce que tu vas aussi apprendre aux Etats-Unis, c'est à devenir un gagneur. Et à te relever si tu es à terre. Là-bas, un qui se laisse aller devient vite un clochard.

Pas seulement là-bas.

# XV

C'est le dimanche suivant que Bouddha m'a entraîné vers son secrétaire chinois. Ce meuble laqué bleu, obligé qu'on l'admire.

— Suzy t'a parlé de ma collection de timbres ?

— Non.

— Et elle espère se marier avec moi ? Cette fille, elle n'a rien dans la tête. Tu veux me rendre un service ? Amène-la au cinéma et mets-lui un doigt entre les cuisses. Et laisse-toi guider.

Je dois avoir l'air de quelqu'un qui a besoin d'une traduction. Nono précise :

— Aide-moi à m'en débarrasser.

Il a un drôle de sourire. Ma parole, c'est un piège. Je ne sais pas si je vais le contrarier ou lui faire plaisir :

— Nono, j'ai pas envie d'emmener Suzy au cinéma. Tu l'as, tu la gardes. Moi, je n'ai pas d'amitié pour elle. Ni pour son frère. Tu sais, pour eux, je n'existe pas. Je dors sur un matelas de plage au pied du lit de César.

J'en ai peut-être trop dit. Mais j'en ai plein le burnous. Nono est pâle comme un suaire.

— C'est un monde, quand même ! Demain, je te ferai livrer un lit. Plus beau que celui de ce petit con.

Il sort trois gros albums.

— Tu connais les catalogues Tellier ? Le monde entier est là. Toutes les reproductions de timbres et toutes les cotes.

Il va vers une immense armoire et l'ouvre. Des dizaines de gros livres sont rangés.

— Ma collection. Tu vois, je suis un vrai timbré. Quel pays tu préfères ?

— La France. Et surtout Paris.

Il me regarde.

— Tu connais ?

— Non, mais j'ai vu des photos.

— A Paris, il faut se mettre à côté du chauffeur. Sinon, on ne voit rien.

— Tu es monté sur l'Arc de Triomphe ?

— Pourquoi monter ? L'Arc, il faut le voir de la place de la Concorde. Tu fais arrêter la voiture devant l'Obélisque et, pour le même prix, tu as les Champs-Elysées. Paris, tu auras tout le temps de le connaître. Tu vas y vivre.

Nono, c'est comme si depuis longtemps il m'attendait. Malgré tous ses esclaves, je réalise combien il est seul. Il me ramène à sa collection de timbres.

— La France, c'est pas terrible. Ça manque de belles couleurs. Je vais te montrer mes séries de la République espagnole. Tu vois ces timbres ? Ils ont plus de vingt ans. Ces trois-là, je les ai payés une fortune.

J'ose lui dire :

— Moi aussi, j'ai une collection. Mais je n'ai qu'un seul album. Il appartenait à mon grand-père italien.

Nono s'est levé.

— Joé, faut pas charrier avec les timbres. Est-ce que tu te souviens des pays ?

— L'Italie, bien sûr. Et la France, la Suisse, l'Empire austro-hongrois…

Il articule avec peine :

— Tu as bien dit l'Empire austro-hongrois ?

— C'est écrit de la main de mon grand-père. Ça s'arrête en 1914.

— Et les séries sont complètes ?

— Je crois. Les pages sont pleines.

Bouddha est à nouveau tout pâle.

— J'achète.

— Qu'est-ce que tu achètes ?

— Tout l'Empire austro-hongrois.

Il bondit sur ses catalogues, les feuillette. Il tremble comme un qui fait une crise de paludisme. Faut que je le ménage. Les émotions, c'est mauvais pour les gros.

— La dernière émission, celle de novembre 1914, compte huit timbres. C'est une série très rare. Et chère.

— Ecoute Nono, le père de Scotto, il dit toujours qu'entre amis moins il est question de fric et mieux ça vaut.

— Le père de Scotto, qu'est-ce qu'il connaît à la finance ?

— Il est patron d'un magasin de tailleur sur mesure. En pleine Avenue.

— Où ? A Bab-el-Oued, ça vaut pas un clou.

— Mais, le soir, tout le monde fait l'Avenue.

— Mon père possède trois immeubles dans ton avenue. Il cherche à s'en débarrasser.

— Pourquoi ?

— Dans ce quartier, le sous-sol est mouillé. Les immeubles naviguent.

Il a réussi à m'énerver.

— Alors nous, qu'est-ce qu'on est ? Des marins ?

— Ne te fâche pas.

— Tous les champions du monde, ils viennent de Bab-el-Oued.

Il sursaute.

— Tu ne confonds pas avec Los Angeles ?

— Alphonse Halimi : boxe, Alain Mimoun : athlétisme, Marcel Salva : international de foot...

— Bon, dis-moi seulement : est-ce que ça donne de la plus-value aux immeubles ? Joé, je t'en supplie : apporte-moi vite la série novembre 1914 de l'Empire austro-hongrois.

## XVI

Comment le temps il passe... Presque un an que Nono et moi nous sommes de vrais amis. Avec lui, j'ai des réponses à presque toutes mes questions. S'il cale, il me dit : "Je vais réfléchir à ce problème." Obligé que j'aie confiance. Il me répète souvent : "Nous allons faire de grandes choses ensemble." Un jour, je lui demande :

— Je ne vais pas travailler avec toi enfermé dans un bureau ?

Il m'a regardé, intrigué :

— Comment tu imagines le métier de journaliste ?

— Comme Albert Londres. On va voir les dégueulasseries, là où elles se passent et on raconte.

— T'en fais pas, tu partiras. Jusqu'au bout du monde. Mais fais gaffe. Quand ça bagarre quelque part, ce sont les journalistes qui courent les plus grands dangers.

Chaque recoin de la planète détient des secrets que je voudrais maintenant découvrir. Nono est le seul à avoir senti combien j'ai du mal à garder la tête hors de l'eau. On dirait qu'il s'est donné pour tâche de me rendre l'espoir.

Ma vie, elle s'est divisée en plusieurs parties. Les jours ouvrables, Bab-el-Oued avec les copains, l'école et Dany, qui maintenant joue arrière dans notre équipe. Le soir, je rejoins le dortoir en trolley. Depuis que le lit de cuivre est arrivé, César me fait une gueule pas possible. C'est vrai, son lit paraît pauvre à côté du mien.

Tante Gladys est devenue si aimable et si prévenante que j'en arrive à oublier qu'en dessous c'est une vraie peau de vache. Pour les corvées, elle a dû trouver une autre solution.

Le samedi, après l'école, je monte embrasser Grand-mère et Françoise. Ma sœur, maintenant, elle a tout l'argent qu'elle veut pour ses livres et ses robes. Mais la vérité, elle n'abuse pas. Elle travaille pour devenir prof d'anglais, parce qu'elle veut pas dépendre d'un mari. Elle devient de plus en plus jolie. Sérieuse, mais déjà elle se met du rouge à lèvres. Grand-mère ne dit rien. Quand même, elle envoie Djamilah la chercher tous les soirs à la sortie du lycée.

Pendant des heures, j'écoute parler Grand-mère. C'est pas qu'elle parle beaucoup. Elle dit les choses qu'il faut quand il faut. Elle me répète souvent : "Notre bien le plus précieux c'est le courage." A part lorsqu'elle discute du bon Dieu, je l'écoute religieusement. Et quand elle insiste : "L'Eternel sait ce qu'il fait", obligé que je parle d'autre chose. Pourtant maintenant, j'ai un peu de quoi. Mais, je ne sais pas, je trouve encore que le monde n'est pas ce qu'il devrait être.

Le dimanche, de bon matin, Boudjali vient me chercher dans la Jaguar de Mme Chiaffanis. Des fois, la bêcheuse se prépare comme si, elle aussi, elle était invitée par Nono. Mais Boudjali est ferme.

Un jour, elle m'a lancé :

— Tu me l'as volé, mais tu ne le garderas pas.

Obligé que je réponde :

— Mais moi, je ne vais pas me marier avec lui.

Elle m'a répliqué d'un ton grinçant :

— Pas sûr.

Les filles, c'est pas possible !

*

Les dimanches, je vois d'abord Maman et je lui apporte tout ce qu'elle m'a demandé. A présent, elle fait de grandes promenades dans le jardin.

Vers midi, Boudjali revient pour me conduire au Château. Du déjeuner jusqu'au dîner, Nono et moi on ne se quitte pas. Pour garder notre liberté d'expression, les repas, nous les prenons à part.

Ce riche, il me tue. J'en avais jamais vu comme lui. Simple comme un du quartier. Mais sa tête, c'est une encyclopédie. Avec lui, la journée est planifiée. Tout le temps, il regarde sa montre : "Maintenant, ta leçon de français." Par petites demi-heures, il me fait avaler des morceaux choisis du *Cid*, en français, de Dickens, en anglais et de *Don Quichotte*, en espagnol. Seulement quand je monte Paquita, il oublie de regarder sa montre.

La vérité, c'est grâce à lui que je suis passé dans la classe du certificat d'études. A la rentrée, l'instit, le pauvre, il n'en revenait pas. Je répondais aux questions avant même qu'il finisse de les poser. Il est allé voir M. Cazaubon, qui a décidé de me prendre à l'essai dans sa classe. Et il m'a gardé.

Nono, c'était son obsession : "Tu dois sauter une classe." Et le mois d'août, pendant qu'il se reposait en Suisse, je suis resté tout le temps au Château. Avec les gardiens, la cuisinière et Malika, une institutrice kabyle aux yeux bouleversants. En plus des profs à domicile, c'est elle qui veille en permanence sur les études de Nono. Quelle patience, cette jeune fille ! Elle arrivait à me faire comprendre des choses que jamais j'avais apprises. Nono lui avait confié un gros paquet de devoirs de vacances.

Heureusement que Malika me laissait dormir jusqu'à huit heures. De neuf heures du matin à cinq heures du soir, elle me mettait dans la tête des mois de rattrapage scolaire. Alors que je n'avais pas vraiment à rattraper. Je courais en direction du certificat d'études.

Quand même, aux heures des repas, elle me laissait manger à ma faim. Mais elle ne pouvait pas s'empêcher de me dire : "Mâche bien. Sois tranquille, personne ne viendra te voler ton entrecôte."

En dehors des cours, j'avais droit à toute la piscine. J'y retournais la nuit, pour me prélasser dans le silence et le jasmin. J'ai voulu apprendre à nager à Malika. Mais elle m'a dit qu'elle n'avait pas de maillot. Je crois qu'elle ne tenait pas à me montrer son corps. Dommage. J'aurais aimé voir.

Avec elle, j'apprenais bien, parce que j'avais toujours envie de lui faire plaisir. A des moments, c'était dur de respirer son haleine sans l'embrasser sur la bouche. Deux fois seulement, elle m'a serré contre elle en me caressant les cheveux : "J'aimerais avoir un fils comme toi." Moi, je la voyais plutôt comme une fiancée qui saurait m'attendre. Et j'ai osé fugitivement lui caresser un sein. C'était terrible.

*

Le père de Nono est un petit homme qui me regarde de très haut. Il est à peine plus grand que moi mais, avec son menton toujours levé, ses yeux de chat passent au-desssus de ma tête. Pour tout le monde, c'est "le Patron". Même pour Nono :

— Le Patron, il n'est jamais pris au dépourvu. Il flaire toujours ce qui va arriver. Une affaire qui ne rapporte pas gros ne l'intéresse pas.

De temps en temps, je surprends le regard interrogatif du Patron fixé sur moi. Il me soupèse en silence. Un jour, il m'a interpellé :

— Ton père, je lui ai proposé la place de régisseur de cette propriété. Il a refusé comme si je l'avais insulté. Le lendemain, l'Espagnol entrait à mon service. Il y est toujours. Pour ta gouverne, avec ses économies, il a acheté dix hectares de bonne terre dans la région de Murcie. Ton père, il lui faut la guerre pour exister. Mais la vraie guerre c'est la vie de tous les jours.

Une autre fois, près de la piscine, il s'est approché de moi d'un air innocent. J'ai frissonné. La vérité, cet homme me fait peur.

— Ton père, tu veux savoir ce qu'il devient ? Il enseigne le latin au collège Saint-Jean à Nice. Il a acheté une maison en banlieue, à Carros, un ancien presbytère. Les curés ont dû lui faire un prix. Il vit avec une petite Calabraise. Ils ont un garçon de cinq ans.

Mon cœur se serre. Alors Papa, il nous oublie parce qu'il a fait un autre fils ?

Le Patron en rajoute :

— Tu es content d'avoir un nouveau petit frère ?

Pas vraiment. Dans cette famille, les frères, c'est dérangeant. Cette fois, qui va tuer l'autre ? Je m'efforce de répondre tranquillement :

— La franche vérité, j'aurais préféré une petite sœur.

Un moment déconcerté, le Patron me tourne le dos et rentre dans son palais.

Je m'entends bien avec la Maman de Nono. Je sens en elle une alliée. Le Patron, il me supporte mal. Mais avec Nono et Mme Chiaffanis qui me défendent, pour le moment, il écrase.

Une qui m'étonne toujours, c'est la sœur de Nono. Je ne la vois pas souvent. Mais quand elle est là, on ne peut pas l'ignorer. Malgré son opulente poitrine, elle se tient droite comme un balai. Elle passe son temps à surveiller son maintien. C'est qu'elle a épousé le marquis de Malavoine. Ah ! celui-là. Il ne ressemble pas, mais pas du tout, à Aramis. Un marquis trapu, avec une tête de bouledogue, ça fait pas vrai.

Des fois, Bouddha joue à me faire peur :

— Ici, c'est une colonie. Tout peut arriver. Aujourd'hui, dans le bled, les petits colons vivent la peur au cul et les armes à la main. Le Patron, il s'est débarrassé de nos vignobles, de nos immeubles et de nos entrepôts maritimes. Il n'a gardé que cette propriété, l'appartement en ville et ses bureaux. Il a investi au Texas, en France, en Espagne. Et pourtant, nous, on ne nous prendra rien. Messali Hadj, le Patron l'a sorti trois fois de prison.

— Messali, c'est pas le chef nationaliste qui veut notre mort ? La valise ou le cercueil ?

— Ce n'est qu'un slogan. Messali est marié avec une Française. Tu verras, c'est un brave. Il a une barbe de Père Noël.

Un jeudi, alors que je ne suis pas prévu au programme, Nono me téléphone et m'envoie la voiture avec Boudjali. Il vient de recevoir une caméra 16 mm et il veut m'initier à la prise de vues. En deux heures, il fait de moi un cameraman attentif. Monté sur Saint-Georges, il galope ventre à terre et je filme selon ses indications.

— Les images, c'est l'avenir. Aux Etats-Unis, il y a déjà vingt millions de téléviseurs. Et en Europe, ça démarre bien. Encore un peu et les gens ne liront plus. Des images, ils voudront seulement des images. Seule la bande dessinée survivra.

J'aime tellement lire que je ne peux pas être d'accord. Mais il a l'air si sûr de lui.

Vers le soir, j'aperçois sur le perron la barbe du Père Noël. C'est vrai, il a une bonne tête, Messali. Nono va l'embrasser sur les deux joues et le vieux chef le serre sur son cœur. Va comprendre... Il revient en riant.

— Messali vient encore de taper le Patron pour ses scouts. Et soudain grave : Il vient de lui confier que ses militants lui reprochent de ne pas agir. Ils ne le consultent même plus. Ils ont des réunions en dehors de lui. Et pas pour parler de la pluie et du beau temps. Si Paris continue à le mépriser, nous allons vers des massacres.

Bouddha, toujours il m'étonne. Il n'y a que lui qui sort des choses pareilles. Il me prend par l'épaule.

— Joé, des ministres et des députés venant de Paris, nous en avons eu des chiées. La Compagnie Chiaffanis oblige, ils passent tous par le Château. Tu veux que je te dise ? Tous ces hommes, ils ne voient pas plus loin que leur réélection. Leurs problèmes, ils sont en Dordogne ou dans le Pas-de-Calais. L'Algérie, ils la visitent en touristes.

Le Patron, il a essayé de leur ouvrir les yeux. Tu sais ce qu'il entend ? "Mais sans nous, ils vont crever de faim !" Ces gens-là ne réalisent pas que les Algériens veulent être eux-mêmes. Ça va coûter cher.

— Tu sais Nono, j'arrive pas à comprendre : l'Algérie, elle est à tous ceux qui l'habitent, non ?

## XVII

A force à force de fréquenter le Château, je parle de moins en moins normalement. C'est Salviat qui me l'a fait remarquer :

— Ma parole, où tu vas comme ça ? Tu causes comme un nouveau débarqué. Tu devrais te surveiller.

Sauter une classe, c'était laisser Scotto, Salviat et les autres. Et ne les retrouver qu'aux récréations et à la sortie pour le foot. Mais quand même la vraie amitié, ça résiste aux différences de classe. La vérité, ils étaient fiers de me voir préparant déjà le certificat. Surtout que je les aide à faire leurs devoirs du soir.

Je leur ai raconté la fin de l'Empire austro-hongrois. Combien Nono m'a acheté les huit timbres de la série novembre 1914. Ils étaient éblouis. Scotto m'a dit :

— Tu avais l'Empire austro-hongrois à la maison et tu te cassais le cul à vendre des cravates !

C'est Tonton Etienne qui me garde mon trésor. A force à force, en me demandant des facilités de paiement, Nono m'a acheté tout l'Empire. Et quelques séries françaises et italiennes. Tonton Etienne a mis cette fortune à la banque sur un compte spécial qui travaille pour moi. Et il m'a présenté au sous-directeur du Crédit marseillais. C'est un neveu de Grand-mère, un maigre très poli. Il m'a dit :

— S'il y a un problème, je mets ton argent dans un coffre au nom de Grand-mère. Demande-lui de venir signer.

Va savoir pourquoi, Tonton Etienne me déconseille de parler de tout ça à Maman.

— N'en casse pas une. Plus tard, tu lui diras.

Il essaie de m'expliquer, mais les mots ne lui viennent pas. Il me regarde avec ses yeux bleus d'honnête homme. Et il se tait.

Un dimanche, alors que Maman éblouie regarde tous les cadeaux que je lui apporte, je lui confesse un peu de vérité :

— Je vends des timbres.

— Ils t'ont engagé à la poste ?

— Je vends des timbres de la collection de mon grand-père. Tu te souviens ? L'album du fond de la malle.

— Ça vaut quelque chose ?

— Quand les séries sont rares. Et surtout quand elles sont complètes.

— A qui vends-tu ça ?

— A mon ami Nono.

— Ton père me disait toujours que les Chiaffanis sont des exploiteurs du peuple.

— Pas Nono.

Maman n'est pas contente et ça se voit.

— Ces timbres, tu ne dois plus y toucher. Contente-toi de tes cravates. Et tâche moyen de m'apporter l'album ici. Au moment voulu, je verrai des spécialistes et j'en retirerai un meilleur prix.

J'ai failli lui demander d'écraser. Mais Maman est tellement fragile que je ne veux pas la contrarier. De toute façon, j'ai de quoi tenir. Et pour les timbres rares, Nono garde la priorité.

Maman m'embrasse et me dit :

— Joé, est-ce que tu penses aux études de Françoise et de Dany ?

Obligé de regarder les choses en face. Maman, elle ne se préoccupe pas de mon avenir. Puisque j'ai sauté une classe, qui peut m'arrêter ? Et elle insiste :

— Toi, tu te débrouilleras toujours.

Pas sûr et certain. Maman, elle va toujours à la vérité qui l'arrange. Déjà avec mon père. Quand elle l'a connu, tuer son frère, c'était pas un crime. C'est depuis qu'il a préféré quitter l'Algérie qu'il est devenu un assassin. Je commence à me demander si ma mère est une personne normale. Avec ses idées fixes, elle me tue. Elle n'a pas compris que sans personne pour vous aider, une main devant, une main derrière on se retrouve. Si seulement j'avais une sorte de père pour éclairer ma route ! Bien sûr, maintenant, j'ai l'affection de Bouddha. Mais quelque part, je sens une menace. Lui aussi, puisqu'il m'avertit :

— Le Patron, il t'a dans le nez. Il n'a jamais pardonné à ton père son arrogance.

Combien de temps encore je devrai payer les factures de mon père ? Est-ce que je suis responsable de ses actes ? Parce que j'ai sa figure, on me charge de toutes ses conneries. Si au moins il avait attendu que nous soyons plus grands ! Quand il s'est taillé, j'avais même pas trois ans, Dany, il ne l'a jamais vu. Notre vie d'enfants mutilés, qui la connaît vraiment ? Ça saigne à l'intérieur. Le silence de notre père est pire qu'une injure : pas même une carte postale pour la Noël. Et c'est soi-disant un croyant.

Un autre jour, Bouddha me confie :

— Joé, je te parle comme un frère. Tu n'es pas bête, mais tu crois encore que dans la vie c'est le mérite qui est récompensé. Tant que tu études, bien sûr. Un prof, il va pas donner une bonne note à un con fini. Mais plus tard, sois certain que c'est le coup de pouce d'un haut placé qui fera la différence entre toi et un petit malin. Alors, fais gaffe : le Patron, il faut absolument que tu gagnes son estime.

Je ne demanderais pas mieux.

Même avec Nono, je ne suis pas toujours d'accord. A de vrai, notre amitié c'est du solide. Mais il n'arrive pas à comprendre que je ne suis sûr de rien. Ma liberté d'enfant qui décide tout seul, elle n'émerveille que lui. Il lui manquera toujours d'avoir eu faim d'un père. En plus, il parle comme si gagner sa vie c'était facile. C'est vrai qu'il m'entoure d'attentions, mais il ne voit pas les choses comme moi.

Et si un jour la colère me prend ? Pour moitié presque rien, on peut se fâcher.

La vérité, des fois j'ai peur.

*

Nous sommes descendus à Alger pour voir le dernier Hitchcock. A la sortie du cinéma, je me suis retrouvé nez à nez avec Bouzid, l'esclave de Pinto. Au moins une tête de plus que moi. Et un regard toujours aussi fuyant. Je peux pas le blairer, mais j'en ai pas cassé une.

— Bari ! Ça fait un bail, hein ? Pourquoi t'es pas revenu à la colo ? Et regardant vers Nono : Qui c'est, cette grosse patate ?

J'ai vu Bouddha blêmir. Sans réfléchir, la tête la première, j'ai foncé sur Bouzid qui ne s'y attendait pas. En plein dans l'estomac. Il est parti en arrière et il s'est affalé. Mort j'ai cru qu'il était.

Autour du cadavre, les passants s'agglutinaient. Une vieille dame a crié :

— Mais éloignez-vous ! Vous allez l'étouffer. Et à un flic qui s'avançait, elle a dit :

— Ce garçon a eu un malaise.

Bouzid ouvrait lentement les yeux. A la vue du flic, il s'est mis rapidement debout, les mains sur un estomac forcément douloureux.

— C'est rien, m'sieu l'agent, c'est rien.

Il est venu vers moi, tout pâle. Je me méfiais. Les coups en vache, je connais.

— Je ne voulais pas te fâcher.

J'ai sorti :

— Tu as touché à un frère.

Ça, Bouzid, il pouvait le comprendre. Je lui ai tendu la main et il l'a prise.

— T'es un rapide. Tu devrais venir avec nous.

Nono, surpris par mon intervention, me regardait avec une émotion qui lui sortait des yeux.

Le même soir, j'ai enfin avoué à Bouddha que mon père avait tué son frère. Même justifié, ce crime pesait sur moi comme une condamnation.

Nono a longtemps gardé le silence, comme s'il cherchait la solution. Puis :

— Sûr qu'il aurait mieux valu que ton héros de père reste en Calabre. Ecoute Joé, les morts on les enterre. Nous allons retourner chez la vieille Boukhari. Tu vas lui raconter. Elle fera les choses qu'il faut faire. Et ce fantôme va disparaître de ta vie.

Nono, je l'avais accompagné une fois chez la sorcière. Elle habitait une grande villa avec patio, à l'orée de Birmandreis. Elle ne recevait que sur rendez-vous. Et seulement des riches. Cette femme, que même des sénateurs allaient consulter, je m'en méfiais. La vérité, malgré ses laborieux préparatifs et ses clous jetés dans un grand feu de bois, je ne voyais là que du cinéma. Je ne comprenais pas l'engouement de Nono pour cette soi-disant magicienne. Elle était tellement différente de la bonne Mme Mesguish qui, sans en faire un métier, s'efforçait de nous enlever le mauvais œil.

J'avais découvert, ce jour-là, un Nono inquiet, fasciné par les clous qui se tordaient dans le feu. Moi, la vérité, j'étais pas dans le coup.

Elle lui prédisait tous les succès possibles. Très vite, il deviendrait un grand patron de presse et ses publications rayonneraient sur le monde.

Je n'avais aucune envie de la consulter. Mais comment résister à l'affectueuse insistance de Bouddha ? C'est lui qui a parlé à Mme Boukhari du crime de mon père et de son désintérêt pour ses enfants. Mme Boukhari a tiré d'une armoire un poupon de chiffon et nous a invités à la suivre dans son vaste patio. Quatre immenses palmiers assuraient la fraîcheur.

Dans un coin de la pelouse, son jardinier avait creusé un petit trou. C'est alors qu'elle s'est tournée vers moi et m'a ordonné de mettre le poupon de chiffon dans la terre. “Ton père, nous allons l'effacer de ta tête. Mais tu dois l'enterrer ici.”

Je ne pouvais pas me prêter à cette bouffonnerie. Ces choses-là, il faut y croire. Devant mon refus, Nono s'est emparé du poupon et l'a placé dans le trou. Le jardinier, en vieil habitué, l'a recouvert de terre.

Mme Boukhari m'a assuré :

— Maintenant, tu vas vivre tranquille. Tu ne porteras plus le crime de ton père. Et avec un ami comme Nono, tu n'as pas de souci à te faire.

Bouddha lui a refilé un gros billet et nous sommes rentrés au Château.

## XVIII

Pour le treizième anniversaire de Nono, le Patron a donné une grande réception dans les salons de l'hôtel Mozart. C'est une résidence sur les hauteurs de la ville. Les Américains, quand ils visitent Alger, c'est là qu'ils descendent. L'architecture, c'est du style mauresque grand luxe. Des jardins en terrasse, on regarde la baie. Presque on touche les montagnes de Kabylie.

Cette célébration cache des manigances compliquées. La Maman de Bouddha, elle voulait que son fils fasse la communion juive. La bar-mitsva, comme dit Grand-mère. Le Patron préfère la communion grecque orthodoxe. Nono, qui n'entretient pas des rapports sectaires avec le bon Dieu, a décidé de faire plaisir à Maman et à Papa.

Avec un petit rabbin nerveux, à domicile, il a appris à lire l'hébreu sans le comprendre. Et surtout à chanter des prières. Il me fredonne de languissantes mélopées, sans s'occuper des paroles. Je l'ai vu plusieurs fois, le petit rabbin. A de vrai, c'est un croyant. Il n'a pas l'air heureux de cette bar-mitsva à la sauvette.

Un matin rituel, auquel je n'étais pas invité, Nono est allé avec sa mère, Tante Gladys, Tonton Etienne et César dans une petite synagogue près de la cathédrale.

Après, il m'a raconté : on l'a coiffé d'une kippa, on lui a mis sur les épaules le châle de prières et on lui a ceinturé le front et les bras de lanières de cuir. Il ne comprenait pas grand-chose mais, puisque sa mère et Tante Gladys pleuraient d'émotion en évoquant leur père, Nono jouait son rôle avec application. Sur le podium, le petit rabbin nerveux l'a aidé à lire en hébreu un passage des rouleaux de la Loi. Puis, quelques pauvres rétribués ont entamé une prière. C'était tout.

J'avais assisté l'an dernier, dans la même synagogue, à la bar-mitsva de mon cousin qui louche. La vérité, j'ai vécu tout à fait autre chose. J'ai vu des centaines d'habituels indifférents transformés en cinglés du bon Dieu. Cette allégresse était si contagieuse que je m'étais mis à chanter avec eux.

Nono m'a dit, plutôt triste :

— Je ne t'ai pas invité à la synagogue, parce que ton père est chrétien. Il nous fallait des authentiques.

Ça lui va bien. Son père qu'est-ce qu'il est ? Sans être authentique, j'aurais aimé être près de lui. Partout la même chose. Si on ne peut pas vous ranger dans un tiroir, on vous fait perdre la figure. Quand même, j'aimerais bien savoir ce que je suis.

C'est le jour de la bar-mitsva de mon cousin dont les yeux se surveillent que Maman nous a dit :

— Mes enfants, quand vous serez grands, vous choisirez vous-mêmes votre religion. Et elle pleurait. Elle nous disait ça parce qu'elle espérait encore le retour de son Calabrais.

Depuis, Françoise m'a confié :

— J'ai lu *la Vie de Jésus*, de Renan. A de vrai, Jésus, c'était un juif extra. Il disait : "Si on vous frappe sur la joue droite, tendez la joue gauche."

Ça, c'est trop. Celui qui te frappe, obligé qu'il morfle le double. Alors Jésus, il n'était même pas chrétien ? Comment s'y retrouver dans tous ces micmacs religieux ? Seulement mon père, spécialiste en latin, pourrait démêler ce sac d'embrouilles.

*

Nono, il m'a fait plaisir :

— Tes amis Scotto et Salviat, tu peux les inviter à la réception du Mozart. Mais attention, tenue sombre.

Pour Scotto, pas de problème. Son père lui a fait un costume bleu marine sur mesure. Et comme nous sommes de la même taille, il en a coupé un pour moi dans l'élan. J'ai payé seulement le tissu. Le plus dur, ce sont les essayages. Des heures debout, sur un tabouret. Avec, de temps en temps, une épingle qui me pique un bras ou une fesse. La vérité, le père de Scotto, c'est un méticuleux.

Au moment des dernières retouches, Scotto sur son tabouret et moi sur le mien, nous nous regardons dans les glaces mobiles sans nous reconnaître. Il ne nous manque qu'une rose à la boutonnière pour faire garçons d'honneur.

Pour Salviat, c'est plus compliqué. Grand comme il est, c'est un costume à dimension d'homme qu'il lui faut. Heureusement que son cousin Léon est garçon de café au *Terminus*. Le père de Scotto, gratuitement, il lui a ajusté une tenue. Et, en plus, il lui a offert la chemise blanche.

Toute l'Avenue sait que nous sommes invités à la réception des Chiaffanis. Les chômeurs du quartier, quatre ou cinq qui veulent travailler pour de bon, ils sont venus voir Scotto pour qu'il demande si, des fois, la Compagnie Chiaffanis ne pourrait pas les embaucher. Il m'a refilé la liste des noms et des compétences pour que je la remette à Nono.

Au milieu de la foule de ces gens importants, nous ne nous sentons pas vraiment heureux. Mais, dans la vie, on ne peut pas échapper aux obligations sociales.

Avec ça, les enfants des riches nous regardent comme des bêtes curieuses. Pourtant, et ça se voit, nous sommes bien plus élégants qu'eux. Heureusement que Bouddha ne nous abandonne pas.

— Belle salle, hein ? Il y a plus de fric ici qu'à la Banque de France. Mais il y a aussi beaucoup de zoubia : des lèche-culs, toujours du côté du manche. Venez ! Je vous emmène au buffet. Il en profite pour avaler quelques petits fours. Allez-y. C'est du premier choix. Ah ! Le Patron me fait signe. Encore un gros.

Plus gros que Nono, on ne connaît pas. Alors, obligé, on se marre. Surtout que la plupart de ces gros sont des maigres. Il revient.

— C'est le nouveau gouverneur. Sympa, mais un peu dur d'oreille. Il engloutit des éclairs au chocolat. Je file. Le préfet et madame. Lui, il se prend pour le Roi-Soleil. Je ne peux pas l'encaisser.

Il revient et, sans commentaire, dévore des tartelettes aux fraises.

— Merde ! Le bachagha Boualid. Désolé. C'est le meilleur ami de Papa. Dix mille hectares en Oranie et c'est notre associé dans la laiterie. Regardez sa femme : la classe, hein ? C'est une Parisienne. Il ajoute à voix basse : Une ancienne putain. De luxe.

Il va saluer à la ronde, revient. Et chaque fois, dans une même bouchée, engouffre des meringues, des religieuses et des petits babas au rhum. C'est sûr, Nono a besoin de beaucoup de sucre. Alors que nous dégustons des cornes de gazelle, il nous entraîne.

— Je vais vous présenter au président de l'Assemblée algérienne. C'est un Arabe génial. Il est bien avec tout le monde.

Nous serrons la main du président. Il nous regarde avec une sympathie appuyée. Ne sommes-nous pas les amis du fils du Patron. Puis, il me dévisage :

— Bari, Bari... Votre père a servi sous mes ordres lors de la campagne d'Italie. Sa connaissance du pays nous a évité de lourdes pertes. Vous pouvez être fier de lui. Est-ce que vous savez comment il a gagné sa médaille militaire ? Il est parti un soir, déguisé en civil mais le ventre bardé de grenades. Quand il est revenu le lendemain matin, il m'a déclaré : "Mon capitaine, la voie est libre." Faut le faire, hein ! C'est moi qui viens de proposer qu'il passe dans le cadre des officiers de réserve. Il est content ?

— Heu... oui.

— Quand je l'ai revu, le mois dernier, je l'ai tout de suite reconnu. En dix ans, il n'a pas changé.

— Vous l'avez revu à Alger ?

Le président a un petit rire surpris.

— Et où veux-tu ?

Mon père était à Alger, il y a un mois. C'est trop. Nono, qui a compris que le président a gaffé, m'entraîne vers un divan :

— Ecoute, ton père, tu n'en as plus rien à foutre. Quand il aurait dû être là, il était ailleurs. Maintenant, tu n'as plus besoin de lui.

Pas si simple. Et Dany ? Et Françoise ? Et Maman ? Il a beau dire, Nono, j'ai mal partout. Mais pour Salviat et Scotto, je vais essayer de ne rien montrer.

Autour de nous, des invités s'esclaffent avec une vulgarité étonnante pour des gens qui ont les moyens de rire à voix basse. En dehors d'eux, le monde n'existe pas. Je préfère un bon bain de mer à ce carnaval.

C'est vers le tard, quand la nuit est déjà tombée, que Nono nous entraîne dans les jardins. Pour moi, la fête est finie depuis longtemps. Toujours direct, il nous propose une rencontre entre notre équipe et le Football-Club de Birmandreis. Salviat lui réplique :

— Chez nous, le plus grand, c'est moi. La moyenne d'âge, pas même onze ans.

— Je sais, je sais. Le Football-Club de Birmandreis, ce sont les enfants des employés du Château. En face de vous, vous aurez, grosso modo, des joueurs du même âge. Je vous fournis vos maillots et tout votre équipement.

Scotto demande :

— Même les chaussures ?

— Les chaussures et les chaussettes. J'apporte les ballons, l'arbitre, les juges de touche et je loue le stade Saint-Eugène un dimanche matin. L'équipe gagnante recevra un trophée dessiné par Sauveur Galliéro et cinq mille francs.

Salviat a sursauté. Scotto, pas rassuré, s'enquiert :

— Et l'équipe perdante ?

— Trois mille.

— Et s'il y a match nul ?

— Vous vous partagerez les huit mille. Et on recommence le dimanche suivant. Sur le ballon, nous inscrirons "Cacolait". Vous aurez les meilleurs photographes de presse.

Avec Cacolait, le Patron a trouvé le moyen de rentabiliser sa surproduction de lait. En plus, il a mis le bachagha Boualid dans ce coup. Ce matin, au téléphone, Nono m'a confié :

"J'ai dit à mon père que c'est toi qui m'as donné l'idée du match de foot entre mômes pour lancer Cacolait. Maintenant, il t'aura à la bonne."

Salviat veut en savoir plus :

— C'est quoi le Cacolait ?

— Une excellente boisson pour les jeunes : lait et cacao. A boire frais. L'usine va commencer à tourner.

Le lait ! Mais à Bab-el-Oued, c'est le domaine réservé des Salviat. Lui, qui d'habitude parle si peu, le voilà qui propose :

— Si tu as besoin de quelques bidons de lait, je peux te les fournir.

Et, déconcerté, il a droit, pour la première fois, au fou rire de Nono. Je dois, en vitesse, trouver une diversion. Pour interrompre son fou rire, il faut lui taper, la main ouverte, dans le dos. Dès que Nono s'arrête, je l'interroge :

— Est-ce que nous aurons notre photo dans *l'Echo d'Alger*?

— *L'Echo d'Alger*, pas sûr. Mais *la Dépêche* et *le Journal*, pas de problème.

Scotto, qui n'en rate pas une, gémit :

— *L'Echo d'Alger*, c'est le quotidien de la famille et des amis. Dans *la Dépêche* et *le Journal*, qui va nous reconnaître ?

Ça ne me fait même pas rire.

*

J'ai téléphoné à Françoise pour lui dire que notre père était venu à Alger. D'abord, elle a cru que je remuais la plaie. Puis, elle a vite compris que je parlais sérieux. Alors elle a gardé un silence si long que j'ai cru qu'elle avait abandonné le téléphone. Je l'ai entendue doucement pleurer et, cette fois, j'ai compris que nous étions orphelins pour de bon.

Elle a répondu en étouffant ses larmes :

— Tu étais trop petit pour t'en souvenir, mais Papa et Maman, ils se disputaient souvent. Surtout les derniers temps. L'Algérie, il n'aimait pas. Il disait qu'on vivait dans un monde fini. Maman ne comprenait pas. Elle disait que c'était parce qu'il ne fréquentait que des Arabes instruits. Et puis, elle a fait une chose qu'elle n'aurait pas dû faire.

— Explique.

Elle n'a pas envie d'en dire plus.

— Quand tu seras grand, peut-être.

— Ça va, j'ai compris.

Elle m'a raccroché au nez parce qu'elle pleurait trop.

*

Un matin, M. Cazaubon m'a demandé :

— Bari, tu as appris ta récitation ?

J'ai serré les dents. Cette scie à la con, je la connais par cœur. Je me suis levé et devant le tableau noir, j'ai commis ce qu'on appelle un lapsus :

— De Victor Hugo : Mon père, ce salaud au sourire si doux...

Toute la classe a éclaté de rire. M. Cazaubon me regardait, pétrifié. Puis :

— Et comment tu termines ?

— Surtout, ne lui donne pas à boire, dit mon père. Laisse-le crever.

— Je vois. Retourne à ta place, veux-tu ?

## XIX

Depuis quelque temps, Salviat joue dans les minimes du Gallia-Club avec l'état civil d'un frère de quinze ans. Grand comme il est, ça passe. Surtout que c'est leur meilleur avant-centre.

Un jeudi, il nous a appris les lois du foot. On avait toujours joué sans règlement, pour s'amuser. D'abord, pourquoi onze contre onze ? Nous, le plus souvent, on se lance à cinq contre cinq. Et seulement pour les championnats de Bab-el-Oued, à huit contre huit. La placette, elle est trop petite pour vingt-deux joueurs. Sans compter l'arbitre. Et en plus, sur le parcours, il y a des arbres qu'il faut éviter. Sinon, on shoote dans les buts de l'adversaire et un arbre renvoie le ballon dans nos buts.

C'est arrivé à de vrai. A la fin d'un match de championnat contre la rue de Cadix, Salviat, de toutes ses forces, il a shooté sur le goal adverse. La veille, pour nous emmerder, les jardiniers municipaux avaient planté un eucalyptus d'Australie. Un arbre plus vicieux, on ne trouve pas. Il a immédiatement renvoyé le ballon dans les buts de Scotto. Un à zéro. La rue de Cadix avait gagné. Et Mesguish, leur capitaine, il triomphait comme un qui a vraiment marqué.

La nuit suivante, avec des pelles et des pioches, on a enlevé l'eucalyptus de la placette et on l'a replanté dans l'école. Là, il ne gêne personne.

Salviat commence par nous dire que la longueur des stades varie entre cent et cent dix mètres. Il ajoute qu'on a de la chance : le stade de

Saint-Eugène ne dépasse pas cent mètres avec une largeur de cinquante-cinq mètres.

Les lignes de marque, on savait à quoi ça servait. Mais les drapeaux, on croyait que c'était pour décorer. Pas du tout. Ils sont réglementaires et doivent être placés dans chaque coin du terrain. Après, Salviat est entré dans des détails qu'on n'écoutait même plus. C'est alors que l'aîné des Amoros a fait observer que nous n'avions pas les onze joueurs obligatoires plus deux de rechange.

Salviat a réfléchi, puis il s'est tourné vers moi :

— Toi qui es bien avec Mme Mesguish, tu devrais aller rue de Cadix et proposer à son fils de faire équipe avec nous. Mesguish, on le connaît : c'est un emmerdeur. Mais au cent mètres, il nous enterre tous. Dis-lui : on choisit les six meilleurs de chez nous et les six meilleurs de chez lui. Et le treizième, on le tire au sort.

Mesguish a commencé à se faire prier. Il m'a dit que cette affaire de Cacolait était louche, qu'il ne fallait pas le prendre pour un pigeon. Quand je lui ai dit que nous allions être habillés, chaussures spéciales comprises et que l'équipe gagnante toucherait cinq mille francs, il m'a regardé d'un drôle d'air.

— Quand même, quand je pense... Alors, comme ça, tu es devenu le larbin d'un fils à Papa ?

— Nono n'est pas un fils à Papa.

— L'héritier de la Compagnie Chiaffanis, c'est quoi ?

— Un frère.

— Ouais. Mais c'est avec le fric de Papa qu'il nous éclabousse, ton frère.

— Possible. Mais Nono serait généreux sans le fric de son père. C'est dans sa nature. Il a une chose que n'ont pas les fils à Papa : du cœur.

— Il en a les moyens.

— Ecoute Mesguish, le cœur, si ta mère n'en avait pas, ma famille et moi nous serions morts de faim.

— Allez, pleure pas. Si c'est ton pote, c'est OK. Quand même, par politesse, je vais consulter mes joueurs.

Nous nous sommes retrouvés à treize pour écouter les conneries réglementaires de Salviat.

— Le cercle au milieu du stade, il a neuf mètres de rayon, la surface de réparation a seize mètres cinquante de long et seize mètres cinquante de large…

Mesguish, qui a son certificat d'études, s'est fâché :

— Salviat, nous on vient pour marquer des buts, pas pour mesurer le stade.

Salviat, toujours paisible, l'a questionné :

— Les buts, tu ne veux pas connaître leur longueur ?

— Non. Je veux seulement que le ballon rentre sans arrêt dans les buts de Birmandreis.

— Bon, alors bouche-toi les oreilles, parce que Scotto, notre gardien, il veut savoir. Les buts ont sept mètres trente de long et presque deux mètres cinquante de haut.

Mesguish, il est devenu tout pâle.

— Précise la hauteur.

— Ma parole, si je mens : deux mètres et quarante-quatre centimètres.

Mesguish s'est tourné vers Scotto :

— Si d'ici le match il ne te pousse pas des ailes, nous sommes foutus.

Et à moi :

— Le goal de Birmandreis, tu le connais ?

— C'est le fils du régisseur. Un Espagnol. Il a à peine treize ans mais l'air de la campagne lui a profité. Il est aussi grand que Salviat.

Scotto avertit :

— Le mieux, c'est que le ballon n'arrive jamais jusqu'à moi. Même pas à ras du sol. Des buts de sept mètres trente, faut du temps pour faire l'aller-retour.

On a tous rigolé, mais c'était seulement pour sortir l'angoisse de nos cœurs. D'habitude, on met des grosses pierres à cinq pas l'une de l'autre et c'est ça les buts. Quand le ballon passe trop haut, le point ne compte pas.

Salviat reprend son discours :

— Vous allez jouer avec un ballon de cuir professionnel. Il a soixante-dix centimètres de circonférence et il pèse quatre cent cinquante grammes. Celui qui le prendra dans la tronche, il criera : "Maman !" Pendant le match, aucun des onze joueurs n'a le droit de quitter le terrain. Sauf blessé à mort. Dans ce cas, l'arbitre l'évacue. Et on le remplace.

Mesguish se lève et s'éloigne sans rien dire. Salviat l'appelle :

— Eh ! Où tu vas ?

— Pisser.

— Tu peux pas y aller après ?

— Sur le stade, j'accepterai de souffrir. Mais ici, ma vessie réclame d'urgence.

— Bon. Nous t'attendons.

Mesguish, il n'avait pas dû pisser depuis trois jours. Quand il revient, à pas lents, Salviat, cette merveille de patience, l'accueille avec un grand sourire. Et il enchaîne :

— Nous n'aurons le stade qu'une seule fois avant le match. La veille, le samedi matin. L'école ? On avertira M. Cazaubon. Il fera férié. Ce match, c'est quand même important pour le quartier.

Je me sens obligé de les prévenir :

— Ceux de Birmandreis, ils s'entraînent tous les dimanches sur un stade réglementaire.

Ali Yaya est pessimiste :

— Ils vont nous avaler tout crus.

Salviat poursuit :

— Sur le stade, l'arbitre c'est le roi. Nono a engagé un pro. S'il dit rouge et que c'est noir, on doit écraser. Sinon, notre deuil il nous fera porter. Nous aurons droit aussi à deux juges de touche. Ceux-là, ils signalent les fautes commises par les joueurs.

Mesguish intervient, rigolard :

— Seulement s'ils les voient. Si, par hasard, je balance mon genou dans les couilles de leur capitaine, c'est une regrettable erreur. Mais elle doit être discrète. Et je vous rappelle qu'un bateau sans capitaine va à sa perte.

Salviat, qui est réglo, se mord les lèvres pour ne pas répondre. Obligé qu'un jour il prenne

Mesguish à part et qu'ils s'expliquent. Dans l'immédiat, il se trouve dans la cruelle nécessité de faire comme si de rien n'était.

— Donc nous allons jouer une heure trente avec cinq minutes de repos à la mi-temps.

Mesguish se lève encore.

— Alors c'est le bagne ? J'exige dix minutes de repos à la mi-temps. Sinon, vous vous démerderez sans nous.

Qui c'est qui peut s'entendre avec ce casse-pieds ? Je lui dis :

— Pas de problème : nous aurons dix minutes.

Mesguish se rassied en murmurant à l'adresse de Salviat :

— Tu as encore des boniments à placer ?

Putain ! Qu'est-ce qu'il débloque ! Forcé que Salviat commence à en avoir plein le dos :

— En somme, tu n'es venu avec nous que pour foutre la merde ?

Mesguish a déjà le poing levé.

— Si tu avances, je t'écrase.

Salviat se dresse comme un fauve. Pas de doute, ils vont se taper dessus. Il faut sauver le match. Je ne veux pas décevoir Nono. Je me place entre eux, quitte à recevoir leurs gnons. Je dis à Mesguish :

— Je te prenais pour un homme de parole.

Dur à encaisser. Il réplique très vite :

— J'ai jamais dit que je ne jouerais pas. Je n'aime pas les dictateurs.

— Sauf quand le dictateur c'est toi.

Il éclate de rire et Salviat, qui veut me sauver la mise, déclare :

— OK. On enchaîne. Et mine de rien, il abrège. Pour les hors-jeu, c'est si compliqué que je vous montrerai à l'entraînement. La rentrée en touche, le coup de pied de réparation, vous connaissez ?

Que dalle on connaît. Même Mesguish avec son soi-disant certificat d'études. On a tous appris à jouer sur le tas et en allant au stade. Notre tactique, c'est de dribbler en gardant le ballon le plus longtemps possible. Pour nous, le foot, c'est pas les Tables de la Loi. C'est une façon de mieux respirer. Ces règlements, ils nous cassent le plaisir.

Nous avons commencé à jouer ensemble, la rue de Cadix et nous. Très vite, Salviat et Mesguish se sont respectés. Mais nous étions tellement à l'étroit sur la placette, que nous avons choisi de nous entraîner sur la plage. Malgré le terrain en pente. Au moins là, il y a l'espace. Et puis après, on peut se taper un bain.

Mesguish, il aime nous provoquer. Mais il n'est pas méchant. Dans l'eau, il est tellement heureux qu'il montre sa vraie nature. Quand il plonge, on se demande quand il va réapparaître. Des minutes entières, il va caresser les poissons. Drôle de type. On ne connaît jamais les camarades à fond.

Trois heures d'entraînement, c'est tout ce que nous avons obtenu pour nous familiariser avec le stade de Saint-Eugène. Dans cet immense espace, obligé on pense à Gulliver. Vingt-deux lilliputiens dans une surface pour géants. Le miracle, c'est de voir les farouches adversaires d'hier jouer ensemble comme de vieux amis.

Pour nous donner la réplique, nous avons rassemblé une équipe de fortune avec des camarades de l'école. Dany joue à l'arrière. C'est le plus petit, mais il est vigilant comme une sentinelle. Il a compris tout de suite qu'il devait épauler son goal.

C'est la première fois qu'on joue à onze contre onze dans un vrai stade. Et avec des chaussures de foot. Les copains qui nous font face n'ont que de redoutables godillots. Grâce à leurs semelles ferrées que nos tibias redoutent, ils parviennent à nous battre. Trois à deux. Dany n'est pas peu fier.

Pour ne pas faire d'histoire, Salviat m'a distribué à l'arrière avec Ali Yaya. Presque toutes les places d'avants sont pour la rue de Cadix. Les deux capitaines sont au centre. A force à force de jouer adversaires, on s'entend rien que d'un coup d'œil. Fini la rivalité. Mesguish sait que le meilleur buteur c'est Salviat et il le sert sur un plateau.

# XX

Le temps est doux et ensoleillé. Les deux capitaines se serrent la main. L'arbitre les présente l'un à l'autre :

— Brahim, du Football-Club de Birmandreis. Salviat du Football-Club de Bab-el-Oued.

Puis il nous a récité les commandements. C'est moi l'arbitre tout-puissant qui vous dis : vous ferez ceci et vous ne ferez pas cela. Souvenez-vous que la partie est considérée commencée quand... Si le ballon sort des limites, n'oubliez pas que... Un joueur est hors jeu quand... Gardez à l'esprit que le coup de pied de réparation est... Et que la rentrée en touche n'est pas...

Qui c'est qui l'écoute ? Des leçons de géométrie sportive, avec Salviat nous avons eu notre compte. Le soleil nous brûle la tête, mais l'arbitre s'en balance. Lui, il a une casquette.

Le tirage au sort nous désigne pour le coup d'envoi. Dégagement de Mesguish sur Salviat, qui essaie de marquer dès la première minute. Mais le ballon est récupéré par un joueur de Birmandreis.

Comment les retenir ? Ils sont trop rapides pour nous. Et quand nous avons le ballon, cet arbitre de mes couilles, il invente des prétextes, nous siffle et nous pénalise.

J'essaie de croiser le regard de Nono, de lui exprimer à la muette ma révolte. Il trône dans la tribune d'honneur, entre le bachagha Boualid, à gauche et Malika, à droite. Il a l'air de bien s'amuser. César et Suzy sont derrière lui, indifférents. Sur les gradins, d'un côté, des camarades et des centaines d'écoliers de Bab-el-Oued. Avec, à leur tête, M. Cazaubon. Françoise et Dany sont près de lui. En face, moins nombreux, les supporters de Birmandreis, pour la plupart en tenue de scouts du Croissant-Vert.

Malika, deux mois que je ne l'ai pas revue. Elle me fait un petit signe de la main au moment où le ballon passe devant mon nez. Scotto, qui n'a toujours pas d'ailes, n'a pas pu l'arrêter. Premier but pour Birmandreis. Les photographes ont pris des photos.

Salviat me jette un regard furieux. Mesguish vient vers moi pour me dire :

— Des arrières comme toi, j'en chie un tous les matins.

A un moment où le ballon est loin de nous, je m'approche de Scotto :

— Excuse-moi, j'étais distrait.

Et lui, sans pitié :

— Combien ils t'ont payé ?

Ce n'était qu'une plaisanterie, mais je n'ai pas supporté.

— Tu n'es qu'un petit con. Mon père, jamais il ne reviendra.

Il m'a regardé, plus qu'abasourdi :

— Qu'est-ce qui t'arrive ?

Avec ou sans Malika, le ballon passe chaque fois devant nous comme une fusée. Ali Yaya et les frères Amoros ne font pas mieux que moi. Total et résultat, à la mi-temps, nous avons pris cinq buts. Salviat et Mesguish, de la tête, ils en ont marqué deux.

Salviat est venu vers Scotto et lui a dit :

— Si tu en laisses passer encore un, je te tue. Cette fois, tu n'auras pas d'excuse, c'est l'Espagnol qui aura le soleil dans les yeux.

— Pour défendre ces buts, il faut trois goals. Et encore, avec des parachutes. Ces enfoirés, ils shootent toujours en hauteur.

— L'Espagnol, il est comme toi : tout seul. Mais c'est pas une passoire.

— Peut-être. Mais, lui, il est bien entouré.

Salviat n'insiste pas. Il me dit en passant :

— Tu savais qu'il y avait tant de Melons dans leur équipe ? Les Melons, ils naissent avec un ballon dans les jambes.

A mes côtés, Ali Yaya, qui a tout entendu, tremble de colère.

— Répète un peu ce que tu as dit !

Salviat, il ne s'est même pas rendu compte.

— Qu'est-ce que j'ai dit ?

J'essaie d'apaiser la colère d'Ali Yaya.

— Salviat ne l'a pas dit méchamment. Au contraire, il...

— Melons, Bougnoules, Bicots, c'est fini. On n'accepte plus. Je m'en vais.

C'est un doux, Ali Yaya, mais il est blessé. Je le supplie :

— Reste avec nous. Tu es notre copain.

— Non. Un Melon ne joue pas contre d'autres Melons. Retournez chez vous et laissez-nous tranquilles.

— Chez nous, c'est ici.

Et je lui tourne le dos.

Salviat réorganise la défense et demande aux frères Amoros d'entourer Scotto. Le ballon ne doit plus passer. Le cadet de Mesguish me remplace. Il est quasiment seul comme arrière. A part son frère, personne ne court plus vite que lui.

— Ne donnez aucun prétexte à l'arbitre de nous pénaliser.

Juste avant que l'arbitre siffle la reprise, Salviat, en accord avec Mesguish, me fait jouer à ma vraie place : demi-centre. Ce qui me manque, c'est la force de frappe. Aussi, je distrais les attaquants et, brusquement, je passe le ballon à Salviat ou à Mesguish. Ils réceptionnent sans problème. Une ou deux feintes et ils shootent à mort. L'Espagnol, avec le soleil dans les yeux, il ne voit même pas le ballon lui rendre visite.

Salviat a modifié sa tactique. C'est par des buts à ras de terre qu'il marque. Et désormais, le ballon est le plus souvent de leur côté. A quelques minutes de la fin, nous égalisons. Au cours de la seconde mi-temps, Birmandreis n'a pas marqué un seul but.

Alors que je suis à peine sur la touche, l'arbitre me siffle. Déchaînés comme ils sont, si Birmandreis nous reprend le ballon, ils marqueront le but de la victoire. La rage au cœur, je regarde vers Bouddha. Il reçoit cinq sur cinq. Il met ses doigts entre les dents et siffle l'arbitre. Ce dernier s'incline respectueusement et annule la pénalité. C'est ça le pouvoir.

Résultat : match nul, cinq à cinq. L'honneur est sauf. Malgré l'inscription "Interdit au public", les supporters des deux bords envahissent les vestiaires. M. Cazaubon, Françoise et Dany arrivent les derniers.

Nono nous attend à la buvette. Il m'embrasse et il serre les mains des deux capitaines. Puis, il offre à tous les joueurs et aux supporters une large tournée de Cacolait. Il remet discrètement à Salviat et à Brahim deux enveloppes bourrées de billets.

Malika se décide à venir vers moi et m'embrasse sur les deux joues. Dommage que j'en aie pas quatre. Elle me dit gentiment :

— Tu joues bien pour ton âge.

Mon âge ! Si elle pouvait l'oublier et me voir comme je la vois. La vérité, jamais elle ne m'aimera comme un fiancé.

C'est à ce moment que Pinto surgit, accompagné de Bouzid. Costume bleu roi sur mesure, cigarette au bec. Au lieu de venir vers moi il se dirige droit sur Malika :

— Tu sais ce que tu as, toi ? Du chien. Si, un jour, tu veux être bourrée de pognon, fais-moi signe. Je ferai de toi la reine d'Alger. Bari connaît mon adresse.

Et avant que j'aie le temps de réagir :

— Bari, faut qu'on se revoie.

Et il s'en va, suivi de son ombre. Malika me regarde, les yeux ronds :

— D'où tu le sors, ce numéro ?

Ce truand a osé proposer à Malika de faire la putain et je n'ai pas réagi. La vérité, après ce match, je suis mort de fatigue. Quand même, je ne suis pas fier de moi. Scotto, rigolard, est venu me chuchoter :

— Alors, tu vas t'associer avec Pinto ? Félicitations ! Cette gonzesse, c'est une affaire. En Cadillac, avec chauffeur, tu vas rouler.

C'est de justesse qu'il n'a pas pris mon poing sur la figure.

Nono propose la revanche pour le 1er novembre. Moi, la Toussaint j'aime pas. En plus, le stade est en face du cimetière où j'ai bossé. Mais je ne suis pas consulté. Mesguish demande poliment de nous obtenir le stade la veille pour nous entraîner.

— Je vais essayer, dit Nono. Pour quelle heure ?

— Vers cinq heures. Juste après la sortie de l'école.

Nono fait observer :

— Nous sommes en automne. Vers six heures, vous ne distinguerez plus le ballon.

— On va le peindre phosphorescent, dit Mesguish.

Et Nono part dans ce fou rire que jamais je n'oublierai.

*

A Bab-el-Oued, des vedettes nous sommes devenus. Maintenant Salviat, il signe des autographes. Comme Edith Piaf.

Tous les journaux d'Alger ont publié des photos du match. Dans *le Journal*, ils ont mis en médaillon Salviat et Brahim : "Deux futurs grands du football algérois". Avec l'entrée gratuite, le 1er novembre 1954 fera date dans l'histoire du sport. Tout Bab-el-Oued et même les habitants des autres quartiers vont envahir le stade. Pinto, il m'a envoyé Bouzid pour exiger qu'on lui réserve vingt places. Sinon, il empêchera le déroulement du match. Nous allons avoir un public de choix : des macs, des putes et des filous. Il paraît qu'ils veulent nous encourager. Le neveu de *Chez Jules*, il est venu tout modestement demander à Scotto deux cartons. Pour lui et pour le "book".

Heureusement que le Patron a prévu des invitations imprimées pour la famille et les amis des joueurs. Les autres, ils iront faire la queue à quatre heures du matin.

Pour moi, l'événement c'est quand Tante Gladys m'a annoncé que le Patron m'invitait personnellement à déjeuner. Et il m'a envoyé sa Mercedes conduite par Boudjali. En m'accueillant, il m'a dit : "Si les petits cochons rouges ne te mangent pas, nous ferons quelque chose de toi. Tu as la gueule de ton père, mais toi, tu en as dans la caboche."

Moi, tout ce que je demande, c'est de commencer journaliste.

Nono, qui a tant fait pour que je gagne la considération du Patron, n'assiste pas au repas. Sa Maman m'a dit :

— Il a dû prendre froid dimanche dernier au stade. Ce matin, il avait trente-neuf de fièvre. Nous attendons le professeur Benamou.

La vérité, la soudaine sollicitude du Patron, j'ai pas confiance. Pour les vacheries, qui peut faire mieux que lui ?

— Ton père, il a réussi à se tirer de toutes ses campagnes sans une égratignure. Bizarre, non ?

— Mon père, il est mort et enterré. Tout ce qui peut lui arriver, c'est pas mes oignons.

D'abord surpris, le Patron a émis un grognement sceptique. J'ai marqué un point.

— Qu'il vous ait laissés comme ça, c'est pas normal. Moi, mon fils, c'est mes yeux.

Je le sais.

Nono absent, je me sens quand même de trop entre M. et Mme Chiaffanis. Surtout qu'ils ne s'intéressent pas vraiment à leur invité. Le Patron raconte ses démêlés avec des gens importants que je ne connais pas. Il lance des injures que, même à Bab-el-Oued, je n'entends pas souvent. Et chaque fois, il conclut : "C'est un fils de pute." Mme Chiaffanis, toujours souriante et distinguée, approuve. En somme, le Patron est cerné par des fils de pute.

J'ai voulu quand même aller embrasser Boud-dha. Je ne pouvais pas venir au Château sans le voir. Il était enfoncé dans son lit, comme s'il avait très froid.

— Non, ne m'approche pas. Cette grippe, elle est mauvaise. Ajoute-moi la couverture écossaise.

Je devais avoir l'air très inquiet. Il m'a rassuré :

— Tu sais Joé, tu es mon seul ami. Tous les deux, c'est pour la vie. T'en fais pas, je serai au stade pour la revanche.

Et devant moi, il s'est endormi dans un sourire.

*

Entraînement oblige, je reste à Bab-el-Oued. Le père de Scotto m'offre le divan convertible de la salle à manger. Même Maman, je peux pas foncer la voir. Avec Salviat, la préparation de la revanche devient dure : gymnastique intensive, course à pied, exercices pour garder le ballon. Et toutes les manières de marquer des buts. C'est Françoise qui m'a téléphoné pour m'apprendre que Maman allait être nommée chef infirmière aux "Glycines". Et que, l'hiver prochain, nous irions habiter Birmandreis.

Laisser notre appart humide, c'est sûr que pour Maman c'est mieux. Et habiter près de chez Nono, c'est la joie. Mais quitter le quartier et les amis, ce sera difficile. Il faudra que j'entame ma fortune pour me payer un vélo de course capable de monter les côtes. C'est le seul moyen de rejoindre Bab-el-Oued le dimanche et les jours fériés.

Je téléphone chaque jour au Château pour avoir des nouvelles de Nono. Pas moyen d'atteindre Mme Chiaffanis. C'est une voix féminine inconnue qui me répond à tous les coups : "Aujourd'hui, ça va mieux. Il a pu s'alimenter."

A la fin, je m'énerve et j'insiste pour parler à quelqu'un de la famille : "Je suis Joé Bari."

— Ah ! C'est vous monsieur Joé ? Cette nuit, dans son délire, M. Nono vous a beaucoup appelé.

Son délire ? Mais le match, c'est dans cinq jours.

## XXI

A quoi ça répondait chez elle de m'annoncer aussi sèchement :

— Nono est mort. Rendez-vous demain à dix heures au cimetière.

J'ai hurlé dans le téléphone :

— C'est pas vrai ! C'est pas vrai !

Suzy poursuit de la même voix :

— On ne peut pas le voir. Il est déjà dans un cercueil plombé. A cause du typhus.

Cette fille, c'est une dégueulasse. Contente, elle est. Je pleure comme un enfant. De ma vie, jamais je n'ai eu autant mal. C'est M. Moralès, inquiet, qui raccroche l'appareil.

— Il est encore arrivé un malheur ?

— Treize ans, il avait. A qui il a pris quelque chose ?

— Tu veux parler du fils Chiaffanis ? Et comment ça lui est arrivé ?

J'ai haussé des épaules d'ignorant et je suis sorti.

Nous étions tous réunis, prêts à rejoindre le stade pour l'ultime entraînement quand M. Moralès m'a appelé :

— Joé, c'est pour toi. Ta cousine.

Ce soir, il n'y aura pas d'entraînement. Demain, il n'y aura pas de revanche. Mesguish, abasourdi, ne sait plus quoi faire de son ballon phosphorescent.

Mme Mesguish, qui sait tout la première, court vers moi.

— Courage, mon petit Joé. Bien que je n'aie pas l'honneur de connaître la famille, je te prie de leur transmettre mes condoléances attristées.

Et son mari, pour la première fois, il vient m'embrasser.

— Les pauvres, ils se sont tués à grandir un enfant et il faut qu'il meure.

Tous les camarades, les joueurs et les autres, sont maintenant sur la placette. C'est déjà le crépuscule. Salviat me souffle :

— On se retrouve à la plage. Seulement les joueurs.

Par petits groupes, nous descendons vers la mer. Sur la plage, chacun de nous ramasse des branches d'arbres renvoyées par les vagues. Tout en haut, près du mur, le bois a séché et blanchi au soleil.

La nuit est tombée. Salviat sort de sa poche une boîte d'allumettes et, avec un journal, fait une torche. Le bois grésille et incendie nos visages. Nous partageons le même accablement.

Ils regardent tous vers moi, comme si je pouvais leur expliquer le malheur. Que leur dire ? J'arrive à peine à tenir sur mes jambes. J'ai mis du temps pour articuler :

— C'est peut-être venu des chevaux.

La vie nous avait donné un allié qui, avec deux doigts entre les dents, pouvait siffler le destin et lui ordonner de réviser ses coups. La mort l'a frappé par-derrière, comme une salope.

Salviat a décrété:

— Y a pas de bon Dieu.

Personne n'a protesté, reliés que nous sommes par notre façon de sentir la vie. Mais au bout d'un moment, Mesguish a murmuré :

— Faut pas mêler le bon Dieu à ça. L'Eternel donne la vie, pas la mort.

Ma parole, il parle comme Grand-mère. Il peut arriver n'importe quoi, ces croyants, ils trouvent toujours que c'est pas la faute du bon Dieu. Alors, qui est responsable ?

Après un moment, Salviat nous demande d'alimenter le feu. Chacun de nous se ramène avec des branches sèches. Rouges, jaunes, bleuâtres, les flammes ondoient dans la nuit. En silence, nous les regardons se consumer.

*

Alors que des nuages gris se courbent bien bas, le cercueil, porté par six hommes noirs, arrive jusqu'à son trou. J'essaie de retenir mes larmes. Pas facile. Elles sortent toutes seules.

Les uniformes des officiels se mêlent aux burnous blancs des caïds et aux habits sombres des notables. Ils sont nombreux les amis du Patron. Mais comment reconnaître les fils de pute parmi ces personnalités ?

Un bonhomme massif et rougeaud lance à la volée :

— Cette vermine, on va l'exterminer.

Ses voisins l'applaudissent discrètement. De quoi il parle ? Je sens qu'il se passe des choses graves. Mais pour moi, rien n'est plus grave que de voir enterrer Bouddha. Des petits groupes se forment et parlent à voix basse. La vérité, ces gens voudraient bien que la cérémonie ne dure pas trop. Je les connais maintenant. Par-devant, ils vous passent la main dans le dos et, par-derrière, ils vous crachent à la figure.

Le bachagha Boualid, vêtu d'une somptueuse djellaba grise, la poitrine ornée de ses décorations, soutient le Patron. Il pleure pour de bon.

Formant une haie d'honneur, nos adversaires du Football-Club de Birmandreis sont en uniforme de scouts du Croissant-Vert. Nous autres, sans déguisement, nous préférons rester à l'écart. Salviat, Scotto, Mesguish et le reste de l'équipe m'entourent. A quelques pas, Malika est en larmes. Elle vient vers moi :

— Joé, tu dois continuer.

Continuer quoi ? Elle m'embrasse en pleurant.

Soudain, avec un pincement au cœur, j'aperçois Maman s'appuyant affectueusement sur le docteur Boukerman, le directeur des "Glycines". Elle est enfin guérie de son Calabrais. Mais pourquoi avoir choisi ce chauve ? Il me regarde à peine. Il ne ressemble pas à un père.

Je laisse mes camarades pour m'approcher de la mère de Nono. Elle sanglote discrètement. Quand elle me voit, elle m'adresse un sourire qui ressemble à un adieu. Les autres membres de la famille sont dignes et comme absents. Le marquis et surtout la marquise veillent à leur port de tête. Tante Gladys a l'air de chercher l'invisible Tonton Etienne.

Le pope, pour la religion du Patron et le grand rabbin, pour la religion de son épouse, se ressemblent comme des frères : même barbiche, mêmes lunettes, même costume, même calotte. Chacun à son tour fait dignement une fervente prière. Ils supplient le bon Dieu de bien recevoir Nono. La vérité, je trouve ces requêtes étranges. Je revois soudain Mme Boukhari, la vieille sorcière, avec son poupon en chiffon. Et, devant mon refus de l'enterrer, Nono s'en emparant et le déposant dans le trou. Avec terreur, je fais un rapprochement empoisonné entre l'enterrement symbolique de mon père et cette fosse qui va dévorer Bouddha. Et si c'était moi qui avais mis le poupon dans le trou ? De quoi est mort Nono, mon frère ? Tout se brouille dans ma tête.

Le Patron est blanc comme de la craie. D'ordinaire, il ressemble à un nain. Aujourd'hui, avec sa rosette rouge sur son habit noir, il fait gnome des enfers. Parce que nous partageons la même douleur, il me fait pitié.

Il commence à pleuvoir. Non seulement le ciel me nique mes espoirs, mais encore il me pisse dessus. Le mektoub, on peut rien contre.

Quand le Patron me voit, il éclate en sanglots. Comment, ce rien du tout, il ose être vivant ? Dans sa comptabilité, il y a une erreur qu'il ne comprend pas.

Alors que les hommes noirs descendent lentement Bouddha dans son trou, les pleurs du Patron deviennent des rauquements de bête. Soudain, il s'approche de moi et m'enserre dans ses bras comme un gorille décidé à garder sa proie. Alors que je commence à étouffer, il me lâche avec un gémissement rageur.

En ce jour de deuil, obligé que le Patron perde les pédales. Mais pourquoi s'en prendre à moi ? Qu'a-t-il compris ? Qu'a-t-il deviné ? Un père, ça sent les choses. Mais perdre Bouddha n'est-ce pas assez dur ?

La vérité, je serais bien descendu dans le trou avec lui. A force à force, je ne me sens plus le courage de retrouver ce grand vide que je balade depuis toujours. Seul Nono l'a parfois comblé. Seul Nono a tout fait pour éclairer ma route.

Les amis et le foot ne me suffiront plus. Reste la mer. Je l'espère pour demain matin démontée comme elle sait l'être en automne. C'est en nageant dans ce bonheur mousseux que je rejoindrai Bouddha. Quand le souffle commencera à me manquer, je plongerai jusqu'au fond. Je connais bien les endroits. Les poissons, comme protégés par les profondeurs rocheuses, viennent à vous sans frayeur. Je m'agripperai aux aspérités pour ne plus remonter.

Ce soir, j'écrirai une lettre confidentielle à Grand-mère. Je lui demanderai pardon pour le chagrin que je vais lui causer. Et je la prierai de distribuer ma fortune en parts égales entre Françoise et Dany. J'insisterai pour que Maman, la famille et les amis croient à une simple noyade. Je ne veux pas qu'on me voie comme un dégonflé.

J'aurais voulu, comme la tradition l'exige, jeter une fleur sur la caisse en bois. Mais je me sens près de tomber évanoui. Me faufilant péniblement à travers la foule des dignitaires, je rejoins mes amis. Mesguish, tout de suite, il comprend.

— Moi de toi, on se tire.

Avec Salviat en tête, toute l'équipe nous suit. Seul Scotto, fasciné par le spectacle, nous rejoint à regret. Maintenant, mes larmes, je les laisse jaillir.

Comme pour nous distraire, Scotto nous dit :

— Mon père, il a écouté les infos à la radio. Ils répètent sans arrêt que nous vivons une Toussaint sanglante. Il y a des attentats dans toute l'Algérie. Dans les montagnes de l'Aurès, ils ont égorgé un couple d'instituteurs qui débarquaient de la métropole.

C'était ça. J'essuie mes larmes en pensant à mon père et à la barbe du Père Noël. Pauvres de nous. Scotto ajoute :

— D'ici pas longtemps, vous allez voir.

Alors, c'était vrai ? L'Algérie, c'est comme l'Ethiopie. Alors mon père, il ne parlait pas pour ne rien dire. Si seulement ma mère l'avait compris à temps. Si seulement elle avait aimé son mari plus que ses habitudes. Mais comment savoir ? Dans ce monde de faux culs, jamais on ne nous dit la vérité. Je vais me barrer sans regret.

J'ai brusquement une insurmontable envie de vomir. Je m'éloigne et, comme j'ai l'estomac vide, je ne rejette que de la bile.

Mesguish me met la main sur l'épaule :

— Maintenant, ça va aller.

Il se tait un moment, puis murmure :

— C'est le commencement de la fin. Ils ne s'arrêteront que lorsqu'ils nous auront tous jetés.

Salviat ne veut pas y croire :

— Ils nous font pas peur. Nous, on a déjà acheté des fusils. S'ils s'approchent de la ferme, pas un ne restera debout. Mon grand-père est né dans ce pays.

Scotto a besoin de se rassurer :

— Merde ! L'Algérie c'est la France !

Je le serre dans mes bras. Il me regarde étonné. Sûr et certain que demain il va pleurer. Personne ne pourra lui faire croire à une noyade. Il aura mal, mais avec ses couleurs, il oubliera.

Tous les camarades sont pressés de se retrouver chez eux pour savoir ce qui se passe. Aucun ne croit qu'on peut les chasser de leur soleil.

Nous longeons le stade, coincés entre deux malaises. Comment oublier que ce 1er novembre, c'est le jour que Bouddha avait choisi pour la revanche ? Des centaines de personnes se pressent vers le cimetière, des pots de fleurs dans les bras. Sur les visages, une angoisse toute neuve.

Le tram démarre sous nos yeux. Scotto et moi, nous sautons sur le marchepied à l'avant. Salviat et Mesguish font de même à l'arrière. Les autres camarades courent pour monter avec nous. Nous leur tendons la main.

## XXII

Ces deux hommes, ils en avaient. Pour des pêcheurs du dimanche, mettre une vieille barque dans une mer en folie c'était gonflé. Déjà, très loin du rivage, je les voyais manœuvrer. Ils s'étaient mis dans la tête de sauver un enfant en train de se noyer. Les pauvres, ils allaient comprendre leur douleur.

Je ne leur demandais rien. De quoi se mêlaient-ils ? Nager contre ces montagnes mousseuses c'était déjà pas facile. A chaque instant, une vague me morflait la figure. Mais j'étais sûr qu'ils ne me rattraperaient pas. Encore quelques minutes et j'atteindrais le rocher des vrais nageurs.

De temps en temps, je regardais de leur côté. Ils avançaient lentement vers moi. Ils me voyaient monter avec des vagues si hautes qu'ils ne se rendaient pas compte que je tentais de les fuir. Ils ne pouvaient pas savoir que des humiliations de la vie j'en avais mon compte. Ils ne pouvaient pas savoir que pour moi c'était fini.

Je pensais que leur barque, méchamment battue par les flots, allait se retourner. Mais c'étaient des habiles. Ils laissaient l'embarcation grimper sur les sommets et ils reprenaient les rames quand ils avaient une chance d'avancer vers moi. Ils criaient plus fort que les mouettes et ils me faisaient des signes pour attirer mon attention. Avec le fracas des vagues et les cris des oiseaux, je pouvais faire celui qui ne les entendait pas. Ils n'arriveraient pas à me casser le travail.

Quand même, ils avaient une façon de ramer qui démontrait qu'ils connaissaient bien l'art de tromper la tempête. A force à force, je les ai vus tout près de moi. Ils ont essayé de m'agripper mais je me débattais comme une murène au bout d'un hameçon.

Ils ne comprenaient plus. Nous étions en plein sac d'embrouilles. Pas facile de hisser à leur bord un enfant qui n'y mettait pas du sien. Avec, en plus, une barque livrée à elle-même qui virevoltait comme une danseuse, tantôt en montant tantôt en s'enfonçant.

Ils se sont éloignés et j'ai cru les avoir découragés. Mais le plus âgé m'a lancé une corde et m'a crié :

— Petit, je t'en supplie, tâche moyen de l'attraper !

Et le plus jeune, son fils peut-être, a hurlé :

— Mino, prends la corde et ne la lâche plus.

Je n'avais pas envie de la saisir. Mais comment leur faire cet affront ? Je me suis laissé traîner vers le large où les vagues sont moins hautes. Avec cette corde mouillée, mes mains n'en pouvaient plus. J'allais encore tenter de leur échapper quand je me suis senti tiré vers la barque. Ils m'ont empoigné, étonnés de me voir nu comme un nouveau-né.

Le plus âgé a dit :

— Ça y est, petit, tu es sauvé. Mais tu voulais prouver quoi ? Et à qui ? Faut être fou pour se baigner dans une mer pareille.

Que répondre à des hommes qui ont risqué leur vie pour vous ? J'avais froid. Ils m'ont fait boire du vin rouge et le père m'a frotté le corps avec une serviette.

Une grosse vague s'est déversée dans la barque. Encore un peu et nous allions couler. Dans l'eau, chacun pour soi. Cette fois, je m'arrangerais pour qu'ils m'oublient cinq minutes. Ils avaient fait de leur mieux. Ils ne gagneraient pas de médaille mais ils retourneraient vers la plage avec leur honneur d'hommes.

Avec un grand bidon, le fils s'est mis à vider la barcasse tandis que le père ramait avec précaution vers l'anse rocheuse des "Bains militaires". Par ce temps venteux, les sentinelles étaient planquées dans la bâtisse rose et les pêcheurs ont pu traîner leur barque sur la plage interdite. Me sauver la vie valait bien une contravention.

Le père m'a refilé un caleçon immense qui puait le poisson. Il m'avait compris et il me l'a fait sentir :

— Tu n'es pas maboul ? Encore un peu et t'allais voir si le bon Dieu il existe pour de vrai. Allez, va de là et tâche moyen de ne pas recommencer.

Le fils m'a demandé :

— Où sont tes habits ?

— Sous une barque aux "Bains Padovani".

— Par les rochers, tu peux y aller. Nous, forcé qu'on attende que ça se calme un peu. On n'a pas le droit de laisser le navire ici.

Le père m'a rappelé :

— Maintenant, marche la route et pense à ta mère.

Tranquilles comme tout ils étaient. Comme si leur courage c'était la moindre des choses. Ils ne m'ont pas demandé mon nom. Ils n'avaient pas risqué leur peau pour gagner une médaille. Ils m'avaient volé ma mort tout naturellement. Déconcerté d'être vivant, je les ai quittés sans me retourner.

J'ai traversé la longue plage en courant, gêné par le caleçon que je tenais des deux mains. Loin des pêcheurs, je l'ai jeté à l'eau. Et je me suis retrouvé nu. Une pluie très douce caressait mon corps. Hier encore, j'aurais détesté ce temps hostile et cette mer brumeuse qui semblait me narguer.

## XXIII

Les pêcheurs du dimanche me rendaient à une existence qui, très vite, sombra dans un cauchemar collectif. Ma ville bleue et lumière devenait une ville de sang et de folie.

A l'école, les maîtres n'évoquaient jamais “les Evénements”. Et, la vérité, les journaux n'accordaient qu'une petite place aux attentats contre les Français et aux représailles. M. Moralès affirmait que, sûr et certain, l'armée allait très vite anéantir ces bandits.

Un après-midi, pendant la récréation, Ali Yaya s'est approché de moi.

— Veux-tu venir boire le thé à la menthe à la maison ?

Il n'habite pas loin de l'école. Son père, interdit de pêche, est retourné dans son village. C'est la première fois que je rencontre sa mère, une frêle jeune femme qui ressemble à Malika. Le même sourire. Le même regard décidé. J'ai été surpris de l'entendre dire :

— Demain, à l'école, vous allez commémorer l'extermination des habitants d'Oradour-sur-Glane par les Allemands. Tu sais, au moins, ce qui se passe ici ? Votre armée nous pacifie à coups de petits Oradour.

Le thé à la menthe, je lui ai trouvé un goût de cendre.

Peu après, Ali Yaya a été arrêté avec d'autres enfants soupçonnés d'être utilisés par les rebelles. Leurs pères avaient déjà rejoint les maquis. C'est ce qu'Ali Yaya appelait retourner travailler au village. J'ai demandé à Grand-mère qu'elle m'obtienne, par le commissaire Paoli, un permis de visite. Elle m'a dit :

— Si c'est ton ami, je vais lui préparer un petit colis.

Je suis monté plusieurs fois à Hydra, sur les hauteurs de la ville. Je ne me serais jamais douté que, dans ce quartier de riches, on avait parqué des dizaines d'enfants dans des baraquements. Les pâtisseries de Grand-mère avaient du succès : “Meilleur encore que les gâteaux de Maman !”

Un jour de visite, un jeune officier m'a appris qu'Ali Yaya avait été transféré dans le Sud. Il a ajouté :

— Tu devrais mieux choisir tes fréquentations. Ton copain est un exalté. Il diffuse des tracts qui appellent à nous massacrer.

C'était difficile à croire. Et ça ne m'aidait pas à retrouver les couleurs de la vie. Pourtant, j'ai passé le certif comme rien. Après, je suis entré au cours complémentaire.

Cette année d'études, c'était du provisoire. Pour donner de quoi à Maman, chaque mois, j'entamais mon capital du Crédit marseillais. Bientôt, il me faudrait chercher du travail et m'inscrire à l'école du soir.

Dans le quartier, c'est le meurtre du père de Scotto qui a inauguré la route des cercueils. Une balle entre les deux yeux. A savoir pourquoi les tueurs ont choisi un petit tailleur de Bab-el-Oued. Cet homme, je l'aimais plus qu'un oncle.

Salviat et moi, nous ne trouvions pas les mots pour consoler Scotto. Déjà écorché par l'absence de sa mère, comment allait-il tenir ? Comme un automate, il a suivi un parent, coiffeur à des kilomètres d'Alger. En l'embrassant, nous lui avons promis d'aller le voir.

— Un goal comme toi, on ne va pas l'abandonner, a dit Salviat.

Etonné d'être encore là, je regardais la terreur grandir, ma mort dans la poche, la caressant lorsque l'humaine férocité me broyait. Pour moitié rien, les gens étaient tués. Le pire, c'était le plasticage aveugle des écoles avec leur cortège d'enfants écrabouillés ou mutilés. Peut-être que demain ce serait notre tour.

Chaque attentat secouait mon indifférence. A de vrai, saigner me réhabituait à vivre. Et grâce à Salviat, je suis entré aux minimes du Gallia. Dans un an, je participerais aux matches qui précèdent les rencontres officielles.

Mobilisé comme officier, mon père a été obligé de revenir en Algérie. Avant de rejoindre les montagnes de Kabylie, il a réussi à coincer Françoise à la sortie du lycée. Elle m'a encore rabâché que c'était le refus répété de Maman de quitter l'Algérie qui avait détruit notre famille. Notre père lui avait dit qu'il détestait cette guerre mais qu'il ferait son devoir de soldat. Il n'a pas demandé à me voir. Ni Dany. C'était mieux comme ça. Il a dû comprendre que nous n'étions pas décidés à aller lui manger dans la main.

Trois semaines plus tard, le héros était tué dans une embuscade. La vérité, la nouvelle ne m'a pas bouleversé. Sur le conseil du commissaire Paoli, Maman a fait mettre les scellés sur le presbytère de Carros. "Cette maison, elle est à vous et à vos enfants. Vous devez aller l'habiter."

Tout Bab-el-Oued a suivi l'enterrement aux cris de : "Algérie française ! Algérie française !", avec les klaxons des voitures qui rythmaient le slogan.

Le général, chef des opérations en Algérie, s'est déplacé en personne pour présenter les condoléances de la nation à la veuve forcément éplorée. J'avais beau chercher, je ne voyais pas le docteur Boukerman. A la fin de la messe dans une église d'où la foule débordait, le général, très photographié, a clamé dans les micros :

— Le lieutenant Bari, héros de la guerre contre le nazisme, est mort pour que l'Algérie reste française.

C'était la version historique. Le général a eu droit à d'interminables applaudissements. Ce monde ne fonctionne que sur des mensonges.

*

J'assiste au premier match de Salviat en première division. Même avec les papiers d'un frère aîné, il est encore le plus jeune. Et tous les clubs de football essaient de le faire entrer chez eux. Mais Salviat, il est fidèle au Gallia qui lui a donné sa chance.

A lui tout seul, il marque trois buts dans la première partie. La vérité, le voir feinter ses adversaires, c'est un spectacle. Au milieu de la seconde mi-temps, alors qu'il couvrait son goal, je l'ai vu s'effondrer. Un malaise, Salviat ?

On l'a rapidement sorti du stade sur un brancard. Tandis que le match continuait avec un remplaçant, j'ai couru vers les vestiaires, bousculant ceux qui voulaient m'empêcher d'entrer. Salviat était toujours allongé sur le brancard, un trou dans le front.

Même Salviat. Je me suis agenouillé près de lui et je l'ai embrassé longuement. A un moment, il a eu comme un sursaut. Et mon cœur a bondi d'espoir. Mais il est retombé, inerte. Je lui ai fermé les yeux. Ouverts, ils faisaient trop mal.

Lors de la disparition de Bouddha, je voulais le rejoindre dans le vide. Maintenant près du corps sans vie de Salviat, c'est le vide qui me rejoint.

Sans pitié, ils m'ont viré des vestiaires et j'ai vu partir l'ambulance qui l'emportait. Mieux valait ne rien dire à la maison. Depuis des mois, Françoise le voyait en cachette. Dans ces moments, qui a le courage de parler ?

Un taxi j'ai pris pour monter au Frais-Vallon. Dès que la mère de Salviat m'a vu, elle a compris. Avec sa fille aînée, elles écoutaient la retransmission du match à la radio. Avec les vaches, obligé qu'elles restent à la maison. J'ai pas prononcé un mot. Entre ces femmes bourrues et moi, il y avait la complicité de la souffrance. La sœur de Salviat m'a servi un bol de lait crémeux et m'a dit :

— Je viens de le traire.

Boire ce lait encore frémissant de vie, c'était comme une caresse. Comme si la mort n'existait pas. La mère a dit calmement :

— Me tuer mon petit, ça ils vont me le payer. Tu veux venir avec nous ? Nous allons le chercher.

Elles ont téléphoné pour s'informer de l'endroit où on l'avait mis et elles se sont habillées pour sortir. Je me suis assis entre elles dans la camionnette qui d'habitude transporte les vaches. La mère conduisait. A un moment, elle a dit comme pour elle-même :

— Nous allons les tirer comme des lapins.

— Pas des innocents ?

— Plus innocent que mon petit, il n'y avait pas.

Entrer à la morgue, je n'ai pas pu. J'ai attendu à la porte jusqu'à la nuit. Le cercueil de bois blanc, il était trop long pour l'arrière de la voiture à vaches.

— Obligé qu'on le mette en biais, a décrété la mère.

Déjà tous les voisins savaient et le malheur rôdait dans le ravin de la Femme-Sauvage. Prudemment, l'armée avait envoyé un sous-lieutenant et dix soldats.

La nuit entière, j'ai veillé avec la famille et les amis de Salviat. L'officier refusait l'entrée aux voisins arabes. "Mais, m'sieu, ils nous ont tué notre enfant !" L'officier, qui venait de Metz, il se sentait coincé dans un sac d'embrouilles.

A part le grand-père, dont les larmes coulent toutes seules, dans la grande salle, personne ne pleure. Mais les regards et les crispations des visages sont comme des bombes à retardement. Sans arrêt, la sœur de Salviat circule avec des tasses de café. J'en ai bu au moins cinq pour ne pas m'endormir. Parce que je veux garder le souvenir d'un champion bondissant, je ne m'approche pas du cercueil ouvert.

Tard dans la nuit, j'ai vu surgir Mesguish. A son visage décomposé, j'ai compris combien il était proche de nous. Il a eu le courage d'aller regarder Salviat. Puis, il a fermé les yeux. Je crois qu'il disait une prière.

Vers six heures du matin, les Salviat se sont relayés pour aller traire les vaches. Le frère aîné est descendu à Bab-el-Oued chercher les journaux. Dans *l'Echo d'Alger* le meurtre de Salviat occupe trois colonnes, avec une photo du joueur en action. Grâce à un spectateur arabe, le tueur a été arrêté à la sortie du stade. C'est un petit truand bien connu des services de police, un nommé Bouzid Belhouch qui a déjà avoué le meurtre de onze Français.

Bouzid ! Mais c'est le chien fidèle de Pinto. Je ne comprends pas. Je marche dans un brouillard de plus en plus opaque. J'entends des commentaires :

— Les tueurs s'attaquent toujours aux petits. Les gros, les responsables de cette merde, ils ne les touchent pas.

— Ils veulent nous faire peur, nous obliger à tout quitter. Et alors, qu'est-ce qu'ils croient ? Qu'on va tout leur laisser ?

A force à force, la descente des cercueils dans leur trou, je ne supporte plus. Maintenant, la mort est toujours là, à vous guetter. Ce n'est pas la même chose que de s'en aller en nageant.

*

Malgré les tueries quotidiennes, les jours paraissent ordinaires. Le déménagement pour le presbytère de Carros est tout entier dans ce qui fut notre salle à manger. Ils viendront le chercher demain avec un container. Maman pleure. Nous voyagerons sur le même bateau que nos affaires. Mais Grand-mère refuse de partir. Elle a déclaré fermement qu'elle ne quitterait jamais Alger. "J'ai toujours vécu et travaillé avec les Arabes. A mon âge, on ne recommence pas sa vie."

Je suis allé la voir, pour passer un vrai moment avec elle. Elle m'a proposé :

— Reste avec moi. Qu'est-ce qui te manque ici ? Seulement tu apportes tes petites affaires. Ta mère n'a plus besoin de toi : elle va avoir une pension.

Djamilah me souriait. Je découvrais qu'elle était jolie. Elle m'a dit :

— Grand-mère, elle est sûre que tu préfères vivre dans ton pays. Ta chambre, elle est déjà prête.

Maman, elle ne m'a pas poussé à partir.

— Ce n'est pas facile de quitter tout ce qu'on aime. Toi au moins, tu prendras ton temps. Tâche moyen de venir nous voir pour les grandes vacances. L'argent du voyage, je sais que tu es capable de le gagner.

Soulagé j'étais de ne pas être obligé d'aller vivre à Carros. Quitter Alger, c'était ça la vraie mort. Le cheveu de lumière qui me rattachait à la vie était ici. L'autre mort, celle dont les pêcheurs m'avaient tiré, elle n'avait pas cessé de m'accompagner, miroir rapetissant de toutes les tragédies.

J'ai retiré du déménagement mes livres, ma lampe de chevet et mes vêtements. La sœur de Salviat, sans hésiter, elle est venue avec la voiture à vaches pour m'aider à amener mes affaires chez Grand-mère. Quand j'ai vu mes valises à la place du cercueil, j'ai regretté de lui avoir demandé ce service.

Je lui ai indiqué l'adresse et elle m'a dit :

— La rue de la Lyre ? C'est celle qui monte le long de la Casbah. Tu n'as pas peur ?

De quoi fallait-il avoir peur ?

— J'y suis né. Je connais tout le monde et tout le monde me connaît. Grand-mère, elle habite là depuis des siècles.

C'est le lendemain que ma cousine Cécile a eu droit, en sortant de sa librairie, à la rituelle balle en plein front. Une fois de plus, j'étais atteint dans ce qui m'aidait à survivre.

Le jour de l'enterrement, Tante Annette a reçu par la poste une lettre d'excuses du Front révolutionnaire. Il y avait eu erreur sur la personne.

Au cimetière, toute la famille était là. Même Tante Gladys et Tonton Etienne. Blanche comme un spectre, l'amie de Cécile se tenait à l'écart, droite et silencieuse. Un désespoir immobile.

Il était midi et le soleil pesait lourd. En procession, nous nous sommes dirigés vers Tante Annette et ses fils pour les embrasser. Grand-mère était soutenue par Djamilah et par le commissaire Paoli. Comme rassurée par la lettre du Front révolutionnaire, elle murmurait :

— C'est pas à notre petite chérie qu'ils en voulaient.

Pour le trou qui l'attendait, ça ne faisait pas de différence. Je suis allé près de Dany que Maman n'arrivait pas à calmer. Lui devenu si discret, il répétait dans un tremblement nerveux :

— Pas Cécile ! Pas Cécile !

Si je pouvais encore pleurer, c'est du sang qui sortirait de mes yeux. Mais un survivant n'a pas le même regard qu'un vivant ordinaire.

TABLE

Ouvrage réalisé
par les Ateliers graphiques Actes Sud.
Achevé d'imprimer
en mars 1994
par l'Imprimerie Bussière
à Saint-Amand-Montrond
sur papier des
Papeteries de Jeand'heurs
pour le compte des éditions
ACTES SUD
Le Méjan
13200 Arles.

**Dépôt légal**
**1re édition : avril 1994**
**N° impr. 877**